U0924519

天下文丛

史潮与学风

李伯重 著

中国人民大学出版社
· 北京 ·

前　言

学者治学离不开所处的环境。这种环境有大小之分，其小者即个人的工作条件，而其大者则为其所置身其中的时代。学者治学不能脱离时代，正如胎儿不能离开母腹一样。《红楼梦》中的妙玉，自称"槛外人"，似乎可以不食人间烟火，但是，"欲洁何曾洁，云空未必空"，正如鲁迅先生在《论"第三种人"》一文中说到一些生活在虚幻之中的人时所说的那样，要做这样的人，恰如用自己的手拔着头发，要离开地球一样，他离不开，焦躁着，然而并非因为有人摇了摇头，使他不敢拔了的缘故。

时代对学者的影响，我以为主要表现在两个方面：一是学术潮流，一是学术风气。所谓学术潮流，是学者生活的那个时代带有普遍性的治学倾向，这通常是社会、政治、经济、文化等多种因素共同作用的结果，同时也受到传统和外来因素的影响，从而形成一定的时代特征，并对生活于该时代的学人的学术活动具有巨大的影响。又，学术群体进行学术活动，通常有一套基本的游戏规则。这些规则得到学术群体的认同，并在学术活动中予以遵循。这些规则以及学术群体对这些规则的实际执行情况，就构成了该时代的学术风气。这些规则因时因地而异，执行情况更是千差万别，因此各时代的学术风气也各有特点。本书之所以以"史潮（史学潮流）与学风（学术风气）"为题，不仅是因为它们是治学大环境的主要要素，而且更因为它们在当今的中国具有特别重要的意义。

在中国学术史上，改革开放以来的30余年是一个罕有其匹的时期。在这个时期，我国学者见证了“世界历史上最伟大的经济奇迹”。[①] 这个经济奇迹的一个重要方面是我国经济迅速地进入全球化的洪流，并且在其中扮演着越来越重要的角色。作为改革开放的一个重要成果，在我国经济日益全球化的同时，我国的史学也摆脱了原先的自我封闭的状况，开始融入国际学术主流。在这30余年中，中国史坛上的学术思潮异常丰富，“新”与“旧”、“土”与“洋”、“传统”与“现代”、“本土”与“外洋”，各种学术潮流荟萃，相互撞击，相互激荡，此起彼伏，此消彼长，呈现出了百花齐放的局面。这种局面给当代中国史学家以前所未有的机遇，激发他们去改进和发展中国史学。然而，在漫长的年月中，我国史坛却未能建立起优良学术所必需的学术风气。早在20世纪之初，康有为就痛心疾首地指出：“中国学风之坏，至本朝而极，而距今十年前，又末流也。学者一无所志，一无所知，惟利禄之是慕，惟帖括之是学。”[②] 尔后，虽然也曾有一些较好的时期，但是为时不长。自20世纪90年代中期以后，学风更是每况愈下。因此，今日治学的大环境，既有令人鼓舞的一面，也有令人沮丧的一面。在这样一种复杂的环境中，学人应何以自处，也颇因人而异。

我自幼胸无大志，即使是在那个青年人真的相信了“天下者，我们的天下；国家者，我们的国家；社会者，我们的社会。我们不说谁说?! 我们不干谁干?!”的1966年狂飙中，我也未有过“登车揽辔，慨然有澄清天下之志”的雄心与豪情。我只想静静地读点书，做一个潜心治学的学者，尽己之力为学术事业做出一份贡献，即如司马光所言“顾以驽蹇，无施而可，是以专事铅椠……庶竭涓尘，少裨海岳”[③]。从那个时代的社会普遍价值观来看，这显然是不合时宜的。但是，我既然心甘情愿地做了这样的选择，那

---

① 详见本书所收《论学术与学术标准》。

② 梁启超：《南海康先生传》，见《饮冰室文集》，第3集，昆明，云南人民出版社，2001。

③ 司马光：《进资治通鉴表》，见《资治通鉴》，9608页，北京，中华书局，1976。不过我此所说的“少裨海岳”，意思与司马光原意不同，是为学术事业做出自己一份微薄的贡献的意思。

么即使人不堪其忧，自己也将不改其乐。所以我以郑板桥的诗“咬定青山不放松，立根原在破岩中。千磨万击还坚劲，任尔东西南北风”自勉，拒绝诱惑，潜心治学，“鞠躬尽力，死而后已，至于成败利钝，非予之明所能逆睹也”。因此，在上述复杂多变的学术大环境中，我力图努力学习新知识，充分利用改革开放为我们提供的学术资源，而对于每况愈下的学风，但求“独善其身”而已。

我向不做学术史研究，也从未被任何部门机构委以整顿学风的重任，只是出于对学界现状的关注，有时又不好意思坚拒朋友的邀约，因此在过去十多年中，就学术潮流和学术风气两方面的问题，写过一些文章，做过一些讲话，接受过一些采访。不料这些文章、讲话和采访发表后，颇受社会各界的重视，报刊和网站上多有转载和引用。这当然不是因为大家对我这个人感兴趣，而是因为在应当如何看待今天的学术大环境的问题上，我在这些文章、讲话和采访中提出了一些个人的意见。尽管这些意见并不一定被每个学者认同①，但是它们表达出了一种声音：在今天，学术潮流和学术风气两方面的问题，确实需要我们重视。由于这些问题深受学界乃至社会关注，因此我的意见才受到广泛的注意。

如今，又在朋友怂恿之下，从过去十多年中发表的相关文章、讲话和访谈中，选出18篇，结为这本集子。如前所言，我认为学术潮流与学术风气是学术大环境的两个最重要的组成部分，因此这本集子也分为“史潮”与“学风”两编。收入“史潮编”的有10篇文字，分为三组，主要讨论西方史学潮流及其与我国史学发展的关系。因为我的专业是中国经济史，因此这种讨论也以中国经济史学为重点。从这些讨论中，我们可以看到：中国史学（特别是中国经济史学）是国际史学的一个不可分割的部分，只有主动地融入国际学术主流，中国史学才能顺利发展，从而在国际学术主流

---

① 例如，拙作《论学术与学术标准》发表后，李存山先生发表《不必都是“纯学术”——回应李伯重先生》，对我的看法提出质疑。

中占有与中国国际地位相称的分量。收入“学风编”的有8篇文章，其中的7篇分为三组，讨论学术与学术标准、学术批评、如何对待外国文化、在大学里如何培养优秀人才等问题。这里要说的是，其中关于学术批评的文章都写于十年以前，彼时在朋友的激励下，尚有心思讨论学风改进问题。自此以后，学风不但没有改善，反而继续恶化，到了今天，已经积重难返，难以逆转。“再使风俗淳”，在我看来已经是一个可望而不可即的梦。因此之故，我后来也就不再多言了。另外一篇作为本编附录，谈谈我对大学教育应当培养什么样的人才的看法。

此次将上述文字结集出版，基本上依照原刊出的文本，仅作了个别的改动。这些改动主要是：(1) 此次重读这些文章时，发现了一些原文中存在的错误，现已改正；(2) 有些文章在发表时，因为报刊的特点，删去了脚注，现已补上。此外，有两点要说明：(1) 本书所收的文章中，有一些文章讨论的主题相同或者相似，因此在讨论中未免有一些相似话语，本当精简，以免重复。但是因各篇文章都有其自身的完整性，如果将那些相似的话语删去，读者读到有的文章时，就可能感到不知所云。因此，本书只好将不同文章中存在的相似话语基本保留。(2) 本书所收的文章，都来自我电脑中保存的原稿，有一些稿子在发表时做了个别字句的修改，但是这些修改过的文本现在无法一一找到。因此，收入本书的文章的文本，与原先发表的文本，在文字上可能有个别的不同。这两点，希望读者谅解。

最后，还要说一句：本书收入的18篇文章，无论从题材、风格，还是从体裁、篇幅上来看，都有颇大差别，有些是通俗的介绍，有些则是比较专业的讨论；有的本来就是访谈，十分口语化；有的使用的则是严格的学术术语。这种多样化，使得读者可以“各取所需”，从中获取对自己有用的东西。倘若这些文章能够使读者在治学方面有所帮助，那么本书的目的也就达到了。

目　录

史潮编

学风编

史潮编

史潮澎湃：国际史学潮流

年鉴学派及其发展过程*

年鉴学派是当代西方最重要的历史学派之一。它所发动的史学变革，被称为“法国史学革命”，影响至广至大，对世界史学的发展起到了重大的推动作用。著名英国历史学家杰弗里·巴勒克拉夫（Geoffrey Barract-bugh）说：“他们（年鉴学派学者）为旧历史学转向新历史学开辟了道路”。而美国历史学家斯托扬诺维奇则说：“年鉴学派对史学研究和历史方法做出了重大的贡献，在20世纪的任何一个国家里，没有任何一个学者团体能够望其项背”。这些评价并不是夸大。

年鉴学派因《年鉴》（*Annales*）杂志而得名。该杂志由法国史学家马克·布洛赫（Marc Bloch）和吕西安·费弗尔（Lucien Febvre）于1929年在斯特拉斯堡大学创办。当时刊名《经济社会史年鉴》（*Annales d'histoire économique et sociale*），1936年刊址迁到巴黎。后来几经更名，1939年更名为《社会史年鉴》（*Annales d'histoire sociale*），1942年再度更名为《社会历史综合评论》（*Melanges d'histoire sociale*），1946年更名为《年鉴：经济、社会与文化》（*Annales. Economies，sociétés，civilisations*），1994年又改为《年鉴：历史与社会科学》（*Annales. Histoire，Sciences Sociales*），以后一直沿用至今。以此杂志为中心，一批志同道合的学者汇集到了一起，逐渐形成了一个重要的国际性学派。正如有人形容的那样，在

* 本文刊于《百科知识》，1996（6）。原题作《“年鉴学派”——一个重要的历史学派》。

该学派创立之初，它不过是传统史学“汪洋大海中的一只小小的玩具船，然而它却使世界历史学改变了方向”。此外，这个学派也产生了像马克·布洛赫和费尔南·布罗代尔（Fernand Braudel）这样的20世纪最重要的历史学家，并使得巴黎因此而得以成为世界史学的重镇。

年鉴学派自创立至今，已历时近七十年。在这一时期中，该学派自身也发生了很大变化。它不仅从最初的一个以在法国斯特拉斯堡大学任教的几位学者为主的小学术群体，发展成一个人数众多的世界性的史学变革运动，而且在学术思想、学术风格、研究范围、研究重点乃至学术贡献等方面，也较前有颇大差异，以至于第二代学术领袖布罗代尔公开宣称：第三代学者主持下的《年鉴》杂志所宣传的史学理论，与第一、二代学者的思想已毫无共同之处。不过，尽管如此，围绕在该杂志周围的学者群，仍然是一个有别于其他学者的群体，换言之，从广义上来说，仍然是一个学派。用今日年鉴学派领袖雅克·勒高夫（Jacques Le Goff）的话来说，在该学派的发展过程中，“我们的学派性越来越弱。我们是一个群体，有着共同的观念基础；我们又是一个运动，我们仍希望继续存在和发展”。大致而言，该学派的发展，经历了三个阶段。通过对各个阶段的主要特点的简单介绍，我们可以大略地看到该学派的发展轨迹。

第一阶段（1929—1945）是创立阶段。在此阶段中，主要的领导者和学术领袖是吕西安·费弗尔（1878—1956）和马克·布洛赫（1886—1944）。在该学派创建之前，他们都已在新建立的斯特拉斯堡大学任教。有鉴于传统史学中的种种问题，他们创办了一份新风格、新内容的史学杂志，以批判旧史学，倡导新史学。这份杂志即《年鉴》杂志。该杂志一反以往史学期刊之惯例，务求超越各国史学之局限而达成国际学者合作之局面。他们首次提出了“总体史”的新概念，号召将地理学、心理学和社会学引入历史学，进行多学科和跨学科的综合研究。他们的努力逐渐获得法国学术界的承认，因而费弗尔于1933年当选为法兰西学院院士，而布洛赫也于

1937 年被任命为巴黎大学经济史学教授。年鉴学派的重心也随之而转移到巴黎。在第二次世界大战期间，该学派活动受到很大影响，杂志几经改名，许多学者的研究也被迫中辍。主要学术代表人物布洛赫更因从事抵抗活动而被纳粹捕获，并于其学术的黄金年龄被杀害，从而使得年鉴学派蒙受了严重的损失。

第二阶段（1945—1968）是极盛阶段。第二次世界大战结束后，年鉴学派复兴，并有了巨大发展。战后不久，年鉴学派经历了两件大事。第一件事，是以费弗尔为中心的《年鉴》杂志领导班子作了改组，并将杂志的名称由原来的《经济社会史年鉴》，更改为《年鉴：经济、社会与文化》，标志着该学派研究视野的进一步扩大。第二件事，是经费弗尔的努力，法国政府终于同意于 1947 年在法国高等研究实验学院内设立了独立的第六系（即经济和社会科学系），由费弗尔任主任。他为这个系所确定的方针是，跨学科研究、向全世界开放、以探讨问题和集体调查为基础、历史在其中起鼓动和带头作用，等等。这些也正是《年鉴》杂志的宗旨，因此这个系也就成了年鉴学派的大本营。费弗尔于 1956 年逝世后，由年鉴学派第二代传人费尔南・布罗代尔（1902—1985）继任该系主任，并且他还在罗伯尔・曼德罗和马克・费罗的辅佐下，主持《年鉴》杂志的出版工作。布罗代尔是该学派第二阶段的旗手和领袖。在他领导之下，年鉴学派达到了巅峰，不仅逐渐成为了法国史学的主流学派，而且影响波及全世界，他也因而被称为法国和欧洲史学界的“教皇”。在年鉴学派所做出的理论贡献中占有极其重要地位的“三种时段”说、“结构的历史”说等，都是布罗代尔在这一时期提出并发展完备的。计量史学的兴起（即史学中的“计量革命”）、历史人口学和人口史学的重大发展、区域史与系列史研究的进一步深入，也都发生于这一时期。

第三阶段（1968—　）是分化与扩散阶段。1968 年，法国发生了被称为“五月风暴”的大学潮。布罗代尔在此时辞去了《年鉴》杂志主编的职务，由该学派第三代传人雅克·勒高夫、勒·罗伊·拉杜里（Emmanuel Le Roy Ladurie）等人接任。1972 年，布罗代尔又辞去担任了 20 多年的法国高等研究实验学院第六系主任，由勒高夫继任。到了 1975 年，第六系改组成为法国国立社会科学高等研究院，勒高夫任首任院长。因此，尽管一直到 1985 年逝世之前，布罗代尔在西方史学界仍然盛誉不衰，但是年鉴学派的领导权，已由第三代学者执掌。为了回应来自各方面的挑战与新的史学潮流的冲击，新一代的学者力求突破学派的局限，将学派扩展为运动。由于这一根本性变化，此阶段的年鉴学派在很大程度上已背离了早期的传统。到 1978 年，勒高夫正式提出“新史学”这一名称，并主编了《新史学》百科词典，来阐明年鉴学派与新史学的联系与区别。因此之故，有的学者将此阶段的年鉴学派称为“年鉴—新史学”学派或“新史学”学派。“新史学”的特点是“新”：提出了新问题，采用了新方法，从而革新了历史的传统领域。此外，还将历来属于人类学研究的对象，也变成了史学研究的对象。“新史学”打了几次大胜仗，使得经济史和社会史的基本地位得以确立，调查和集体研究的方法得到采用，史学向其他人文科学的开放进一步扩大。“新史学”还特别重视将人类学作为优先联系对象，并且为政治史、事件史研究恢复了名誉，同时也把精神状态和感觉映像的历史作为一条重要战线，从而改变了早期年鉴学派学者那种太过偏重经济史和社会史研究的局面。这些变化，使得原先主要以西欧大陆为基地的年鉴学派，与英美史学的主流学派相互接近和交融，从而导致了年鉴学派在世界史坛上的影响进一步扩大和世界史学的进一步国际化。

“静止等于死亡”（勒高夫语）。自创立伊始，年鉴学派就一直处于一个不断前进、不断发展的演变过程之中。正因不断变化，所以也才能够一直保持活力。因此，对于年鉴学派，我们不能用一种孤立的、僵化的或静止的观点来看待之，而应当将其视为 20 世纪世界史坛上的一种重要思想潮流，从而正确地认识这个学派及其贡献。

附记：这里简略地说说这篇简介的来历。这篇文字与我的经历颇有关系。我自1978年考入厦门大学攻读研究生以来，虽然一直渴求了解国际学术主流，但是在1989年之前，虽然也读过一些“洋书”，但都是海外学者研究中国史的著作。我很想知道在“汉学”之外的广大学术世界到底是什么情况，但是一直没有机会去进行第一手的实地了解。1989年我应邀去法国国家社会科学高等研究院讲学，乘此机会，向法国同行请教，他们向我推荐了Peter Burke的*The French Historical Revolution*：*The Annales School*，*1929-89*。通过此书，我得以初步了解年鉴学派及其代表的史学思潮。后来我在美国购得布罗代尔的巨著*Civilization and Capitalism 15th-18th Century*，阅读之后，获益良多。回国后，应朋友之邀写了一篇短文，对年鉴学派做了一个简单介绍。该文发表到今天已近20年，而在这20年中，年鉴学派学者的许多重要著作都已译为中文出版了，我国史学界对该学派已不再生疏。但奇怪的是，在谈到该学派时，许多中国学者却仅知其名而对于其大致情况仍一无所知。因此之故，我觉得这篇短文在今天还有一定意义。至少，让那些没有时间读更多介绍的学人，可以对这个作为20世纪最重要的史学潮流之一的年鉴学派有个起码的了解。

本文刊出后，年鉴学派继续在发展，现在已到了第四代，代表人物是雅克·莱弗尔（Jacques Revel）、罗杰·夏蒂埃（Roger Chartier)、安德烈·布尔基埃尔（André Burguière）等。他们一方面继承年鉴学派的跨学科的史学研究的传统，另一方面也挑战本学派前代学者所建立的典范，研究范围逐渐从经济史与社会史转向思想史、文化史。

20世纪初期史学的“清华学派”与“国际前沿”*

经过晚清以来“西学”与“中学”、“新学”与“旧学”的彼此冲突与相互激荡，特别是经20世纪初期的新文化运动之后，中国史学开始进入了一个新的时期，而其标志就是“新史学”的建立。在“新史学”的建立过程中，清华大学起了特殊的作用，可以说清华是“新史学”的发源地之一。

对于清华史学的代表人物以及1920年代的中国史学史的研究，近年来出现热潮，成果十分丰富。我本人的专业不是中国近代学术史，亦未做过此方面的研究，在此仅想把1920年代形成的“清华学派”的代表人物关于史学方法的见解，与当时国际史学界的前沿见解作一比较，从而证实创建伊始的清华史学，绝非后来一些学界之外的人所认为的那样是一种以考据为主要特点的传统学术，而是一种立足于“国际前沿”的史学。

一、20世纪初期的史学“国际前沿”与“清华学派”

“国际前沿”（或“国际学术前沿”）是今日我国学界（严格说是学术管理界）使用频率最高的词语之一。然而到底什么是“国际前沿”？似乎迄今

---

* 本文系根据我在“清华国学研究院与21世纪中国学术——纪念清华国学研究院成立八十周年学术讨论会”（清华大学，2005年4月22日）上的讲话整理而成，刊于《清华大学学报》，2005(5)，摘刊于《中华读书报》，2005-04-20，第5版。

尚未见到制定这些文件的部门作出具有权威的界定。这里，我对历史学科的“国际前沿”，姑提出如下界定，然后据此来看看1920年代的清华史学与当时“国际前沿”的关系。

所谓前沿，就是在大多数人的前面。在此意义上，在中国史研究中，要做到“国际前沿”似乎并非难事：只要发现一批别人未曾见过的材料，找到一个前人未曾注意到的小题目，于是就可以写出一篇或多篇“填补国际学术界在此领域中空白”的文字了。但是，1920年代清华史学诸大师所达到的“国际前沿”绝非此种情况。换言之，彼“前沿”非此“前沿”也。那么，我们要谈的“国际前沿”到底是什么呢？

任何一个学科领域都具有其自身特有的研究对象、方法与手段，否则这个学科就不成其为一个学科了。因此研究对象、方法与手段也就是一个学科赖以安身立命之本。由此而言，真正的“国际前沿”，就是在某一特定时代，国际学界在某一特定学科的研究对象、方法与手段的探索方面所取得的最新进展。由于学科的研究对象、方法与手段总是在变化，因此这个最新进展也处在不断变化之中，而这种变化又意味着创新。因此在某一特定时代，“国际前沿”也就意味着某一特定学科在研究对象、方法与手段方面的创新。

那么，20世纪初期史学的“国际前沿”又是什么呢？

依照鲁滨孙的总结，在西方，19世纪中叶以前的历史学，或者附属于文学，或者附属于神学，或者被人利用去激起爱国的热忱。到了19世纪中叶以后，方才发生重大变化。这些重要变化包括：第一，批评史材；第二，秉笔直书；第三，注重普通；第四，破除迷信。但是这些都只是史学进步的条件，不是进步的程序。① 因此直到世纪之交，才出现史学革命的呼声。到1911年，鲁滨孙出版《新史学》，提出史学“需要一个革命”。虽然鲁氏的史学观

① 参见［美］鲁滨孙：《新史学》，6页，桂林，广西师范大学出版社，2005。

点可以说是1860年代以来欧洲文化史运动的继续与延伸，但是他却以一种全新的姿态出现于史坛。[①] 因此我们可以说《新史学》一书就是当日国际史学在研究内容、方法与手段方面最新进展的总结。[②] 我们在此即以此书所论，作为当时史学的“国际前沿”，并据此来与清华学派的工作进行比较。

中国自19世纪末以来，史学也发生了颇大变化。廖平和康有为开始的疑古运动，动摇了人们对传统学术的信念。[③] 以后，“国粹学派”学者对中国的传统史学也做了犀利的批判。[④] 这种怀疑与批判的气氛，表现了中国传统史学正在发生重大的变化。然而与西方的情况不同的是，在这个时候，各式各样的“西学”被介绍到中国，使得传统史学不仅受到来自内部的疑古风气的挑战，而且更受到来自外部的西方史学的更加激烈的挑战。这些挑战使得史学界出现“西学”与“中学”、“新学”与“旧学”相互冲突和竞争的局面，也使得20世纪初期成为中国史学在其长期发展历史中最为活跃的时期。

本文中所说的清华学派，指的是曾在清华国学研究院成立前后在中国史坛上起了重要作用的一批史家。[⑤] 他们中的一些人（特别是年龄较长的梁启超和王国维），虽然在清华国学院建立之前就早已成名，但到国学院建

---

① 参见张广智：《克丽奥之路——历史长河中的西方史学》，229页，上海，复旦大学出版社，1989。

② 在20世纪头一二十年中，西方主流史学尚颇为保守。对后世欧陆史学有重大影响的年鉴学派，也还在襁褓之中，尚未形成学派。鲁滨孙对其所总结的史学进展，之所以称为“新史学”，表明这些进展确是站在主流史学之前沿。

③ 康有为本人在20世纪之初就直截了当地指出：“中国学风之坏，至本朝而极，而距今十年前，又末流也。”（引自梁启超：《南海康先生传》）

④ 例如邓实说：“悲夫，中国之无史也。非无史，无史材也。非无史材，无史志也。非无史志，无史器也。非无史器，无史情也。非无史情也，无史名也。非无史名，无史祖也。呜呼，无史祖、史名、史情、史器、史志、史材，则无史矣。无史则无学矣。”（引自王晴佳：《钱穆与新史学之离合关系》，见 http://igw.ayinfo.ha.cn/xq/archives/）

⑤ 严格地说，应当是清华研究院国学门。见黄延复：《水木清华——二三十年代清华校园文化》，27页，桂林，广西师范大学出版社，2001。

立后，这些在各自领域里都已取得了杰出成就的学者汇集到了那里，方形成一个有相同学术追求的学者群体。国学院解散后，这些学者又成为清华大学历史系的骨干。“学派”一词，在学界向来有不同理解。在我国，通常认为学派是“一门学问中由于学说师承不同而形成的派别，如紫阳（朱熹）学派、姚江（王守仁）学派”①。而在西方，学派（school）一词通常指的是“拥有相同理论或者方法”，或者“思想、作品或风格显示同样的渊源、影响或同样的信仰”的学者或作家的群体。② 因此史学中的学派，也就是拥有相似研究理念及研究方法的学者群体。上述两种通常的解释，彼此差别颇大。在这两种解释之外，也还有其他解释。③ 另外，一个学派自身也会发生变化，有时甚至会变得面目全非，但仍然不失为一个学派。④ 在这

---

① 《辞海》，1934页，上海，上海辞书出版社，1999。

② 《牛津高阶英汉双解词典》（第4版，2489页）的解释是：“Group of writers，thinkers，etc.，sharing the same principles or methods，or of artists having a similar style.”《美国传统词典》（金山词霸，2003年电子版）的解释是：“A group of people，especially philosophers，artists，or writers，whose thought，work，or style demonstrates a common origin or influence or unifying belief.”

③ 例如，在一些情况下，一个学派被认为是一批彼此关系比较密切的学者，如年鉴学派即是；而在另外一些情况下，一个学派可以包括许多彼此没有密切关系的学者，如乾嘉学派即是。不仅如此，像年鉴学派这样的学派，其成员有认同感；而像乾嘉学派这样的学派，很大程度上是后人对前代学术史进行解读时归纳出来的。在本文中，我们对学派一词的理解，主要的是依据学者研究取向和方法方面的相似性以及彼此的相互关系的密切性。

④ 例如年鉴学派因《年鉴》杂志而得名，以此杂志为中心，一批志同道合的学者汇集到了一起，逐渐形成了一个重要的国际性学派。该学派从最初的一个以在法国斯特拉斯堡大学任教的几位学者为主的小学术群体，发展成一个人数众多的世界性的史学变革运动，在这一发展的过程中，自身也发生了很大变化，在学术思想、学术风格、研究范围、研究重点乃至学术贡献等方面，也较前有颇大差异，以至于第二代学术领袖费尔南·布罗代尔公开宣称：第三代学者主持下的《年鉴》杂志所宣传的史学理论，与第一、二代学者的思想已毫无共同之处。不过，尽管如此，围绕在该杂志周围的学者群，仍然是一个有别于其他学者的群体，换言之，从广义上来说，仍然是一个学派。用今日年鉴学派领袖雅克·勒高夫的话来说，在该学派的发展过程中，“我们的学派性越来越弱。我们是一个群体，有着共同的观念基础；我们又是一个运动，我们仍希望继续存在和发展”。参阅李伯重：《“年鉴学派”——一个重要的历史学派》，载《百科知识》，1996（6）。

里，我们主张将“学派”定义为拥有相近或相似的研究理念及研究方法的学者群体，并以此来看当时汇集在清华国学院的学者是否可以称为一个学派。

清华国学院创立的目的，时任研究院办公厅主任的吴宓已明确地指出是：“(一) 值兹新旧嬗递之际，国人对于西方文化宜有精深之研究，然后可以采择适当，融化无碍；(二) 中国固有文化之各方面（如政治、经济、文学、哲学）须有通彻之了解，然后今日国计民生，种种重要问题，方可迎刃而解，措置咸宜；(三) 为达上言之二目的，必须有高深之学术机关，为大学毕业及学问已有根柢者进修之地，且不必远赴欧美，多耗资财，所学且与国情隔阂。此即本校设立研究院之初意”[①]。因此国学院的教师也是根据这个目的而聘请的。这样，就把一些具有相似学术取向（例如中西学并重）的优秀学者集中在了一起。同时，国学院的制度也颇有利于一个学派的形成。[②] 尔后成立的历史系，则是国学院的直接继承者和发扬光大者。因此聚集在清华的学者，虽然各人研究领域或有不同，治学风格亦各有特色，但是在治史的基本理念与方法论方面却颇多相近之处，可以说是一个拥有基本相似的理念与方法论的学者群体。这种理念与方法论，经过不断发展，到了国学院结束后已经定型，依照何炳棣的总结，就是“历史与社会科学并重；历史之中西方史与中国史并重；中国史的考据与综合并重”[③]。因此在此意义上，我们可以将当时的清华史家群体称之为清华学派。在这个学派的形成阶段即国学院时代，其代表人物就是曾经担任国学

---

① 吴宓：《清华开办研究院之旨趣及经过》，载《清华周刊》，第 351 期，1925 年 9 月 18 日。

② 苏云峰认为国学院的制度“系略仿传统书院、英国大学制和道尔顿辅导制”，不同于当时北京大学国学所的“自由松散”，而注重“密集谨严”。参见苏云峰：《从清华学堂到清华大学(1911—1929)》，287 页，北京，三联书店，2001。

③ 何氏并强调在 1930 年代的中国，只有清华的历史系做到了这三个并重，而且这种社会科学、中西历史、考证综合、兼容并包的政策，“七七”抗战前夕业已初见成效。参见何炳棣：《读史阅世六十年》，68、72 页，台北，允晨文化实业股份有限公司，2004。

院导师的三位著名史家梁启超、王国维和陈寅恪。虽然他们有许多工作是在他们到清华国学院之前所做的，但是他们来到清华后，通过教学和同事之间的交流，他们的工作对学界的影响变得更加广泛和深入。因此在此把他们在国学院成立前所做的工作也一并论之。

在鲁滨孙推出《新史学》的前后，以梁启超、王国维和陈寅恪为代表的清华学派，对中国史学的深刻变化以及所亟欲解决的问题也进行了总结，提出了自己的见解。虽然他们没有刻意使用梁启超早在 1902 年就提出的“新史学”来称呼清华史学，但是他们所创立的史学，确实是一种与传统史学大不相同的新的史学。因此我们可以依据清华学派所倡导的史学研究理念及研究方法，与鲁氏所鼓吹的史学研究理念及研究方法，进行一些对比，从中看看清华学派是否站在史学的“国际前沿”。

二、“清华学派”与 20 世纪初期的史学“国际前沿”

史学研究的根本，是研究什么和怎样研究。这两个方面的问题，当然取决于史学的基本理念，例如历史是什么？为什么要研究历史？……不过，后面这些问题，也在很大程度上取决于史学之外的情况。鲁滨孙认为科学的特点是：(1) 注重普通的人同普通的事；(2) 发现同应用天然的定律。①而史学要“科学化”，也就必须在这两方面进行努力。因此在这里，我们主要讨论的是研究什么和怎样研究这两个专业史学之内的问题。

(一) 研究对象

历史是什么？为什么要研究历史？这两个问题都集中体现在史学研究的对象上。

无论中国还是欧美的传统史学，一个主要特点就是研究领域狭窄，基本上是以帝王将相的活动为主体的政治史。直到 1840 年，英国著名史家卡

① 参见［美］鲁滨孙：《新史学》，译者导言，6 页。

莱尔还在其轰动一时的演讲《论英雄、英雄崇拜和历史上的英雄事迹》中宣称："世界历史只不过是伟人的传记而已"[①]。鲁滨孙在《新史学》中，对此进行了严厉的批判，指出当时的大多数历史家的通病是"不讲别的重要事情，专偏政治事实的记载"，"喜述最不普通的故事"。他并且以当时学校通用的历史教材为例，指出在这些教材里，历史已经成为了非常枯燥的帝王将相家谱。

与此相映成趣的是，梁启超在其《新史学》中，对"中国之旧史"进行了更加猛烈的批判，指出这种"旧史"有"四蔽"："一曰知有朝廷而不知有国家"，"二曰知有个人而不知有群体"，"三曰知有陈迹而不知有今务"，"四曰知有事实而不知有理想"。因此二十四史不过是"二十四姓之家谱而已"，是"地球上空前绝后之一大相斫书"，所有的本纪、列传只是"无数之墓志铭"的"乱堆错落"，"汗牛充栋之史书，皆如蜡人院之偶像"。

那么，史学研究的对象应当包括哪些内容呢？

鲁氏强调"新史学"要脱去从前那种研究历史的限制，"我们此地应当研究的问题，就是我们有没有让我们的偏心，引我们专去叙述历代无关紧要的朝代史和军事史？"他举例说，"自古至今，人类的事业有海上探险、开拓商业、建筑城市、设立大学、建筑华丽的大礼拜堂、著书、绘画，还发明了许多东西。我们在历史里，应当包括这几种人类的活动，大家渐渐承认了。但是到如今政治史还是保存他的独尊地位"[②]。

梁启超早在1901年出版的《中国史叙论》中，就已提出"近世史家必探察人间全体之运动进步，即国民全部之经历"。在尔后出版的《新史学》和《历史研究法》中，更明确地指出史学"必当合人类全体而比较之，通古今文野之界而观察之"，良史应当"为全社会之业影"，"录全社会之作业而计其和"。被郭沫若誉为"新史学的开山"的王国维和被吴宓誉为"全中

---

① 引自张广智：《克丽奥之路——历史长河中的西方史学》，167页。

② ［美］鲁滨孙：《新史学》，5、8页。

国最博学之人”的陈寅恪，虽然没有专文论述史学的研究对象，但是从王、陈的具体著作来看，其研究对象包括了非常广阔的范围。例如，王国维的“空前绝业”有二，一是殷周社会制度史，二是宋元戏曲史。陈寅恪史学研究的着眼点，则主要在四个方面，即文化、种族、家族和门第。① 这些都远远超越了旧史学主要是治政治史的传统，因此从研究对象而言，可以说他们使得中国史学发生了一个革命性的变化。

由于上述变化，史学研究所需的史料也发生重大变化。传统史学以“正史”作为基本史料来源，史料范围十分狭窄，远远不能承担起研究对象范围大大扩展后的史学研究之所需，因此新史学的一个重要特点是史料学的革命。对此，鲁滨孙谈得不多，而清华学派的代表人物则作了更为全面和深刻的阐述。其中最为脍炙人口的就是王国维在《古史新证》讲义的总论中，从方法论上对“二重证据法”所作的说明，尔后陈寅恪对此又作了更加简明扼要的总结，即一是取地下之实物与纸上之遗文互相释证，二是取少数民族之故书与中原王朝之旧籍互相补证。陈氏自己对新史学的贡献，更是首推史料扩充。② 他并且明确地指出：“一时代之学术，必有其新材料与新问题。取用此材料以研求问题，则为此时代学术之新潮流”③。陈氏认为凡于新史料、新问题有所通习者谓之“预流”，否则谓之“不入流”。因此清华国学院的导师，是“预”当日史学界新发展之“流”的。④

（二）研究方法

研究方法是一个学科的根本特征。⑤ 在史学中，研究必须以历史资料

---

① 参见许冠三：《新史学九十年》，82～83、280～281页，长沙，岳麓书社，2003。

② 参见上书，261页。

③ 陈寅恪：《陈垣敦煌劫余录序》，见陈寅恪：《金明馆丛稿》二编，上海，上海古籍出版社，1980。

④ 参见王汎森：《民国的新史学及其批评者》，收于罗志田主编：《20世纪的中国：学术与社会》史学卷，济南，山东人民出版社，2001。

⑤ 参见李伯重：《历史上的经济革命与经济史的研究方法》，载《中国社会科学》，2001（6）。

为基础，同时又要使用正确的研究方法，因此“方法论应当占有与历史资料同等重要的地位”①。

传统史学方法有其先天不足。巴勒克拉夫总结20世纪上半叶国际史学的发展时，把当时占主导地位的历史主义学派的不足作了归纳。② 吴承明对此作了进一步讨论，总结为以下五个方面：(1) 史学是叙述式的，缺乏分析；又常是事件和史例的罗列，或用单线因果关系将它们联系起来，而缺乏整体性、结构性的研究；(2) 强调历史事件、人物和国家的特殊性和个性，而不去研究一般模式和存在于过去的普遍规律；(3) 在考察史料时采用归纳法和实证论，这种经验主义的方法不能在逻辑上肯定认识的真实性；在解释史料和做判断时，由于缺乏公理原则和强调个性，就主要凭史学家的主观推理和直觉；(4) 或是根据伦理、道德取向来评议是非、臧否人物，或是认为一切是受时间、地点和历史环境决定，无绝对的善恶；(5) 脱离自然科学和社会科学来研究历史，认为历史学的唯一目的是真实地再现和理解过去。③ 在第二次世界大战以后（尤其是1955年以后），由于突破了历史主义的束缚，应用社会科学的理论和方法，史学才从艺术转变为科学。④

由于传统史学方法存在上述问题，只依靠它们是难以深入研究范围扩大后的历史的。⑤ 因此只有求助于其他学科的方法，才能胜任新史学提出的要求。对于这一点，鲁滨孙和清华诸史家都非常明确地表述了同样的

① 吴承明：《经济学理论与经济史研究》，载《经济研究》，1995 (4)。

② 参见［英］杰弗里·巴勒克拉夫：《当代史学主要趋势》，15～25页，上海，上海译文出版社，1987。

③ 参见吴承明：《论历史主义》，载《中国经济史研究》，1993 (2)。

④ 参见［英］巴勒克拉夫：《当代史学主要趋势》，第3章。

⑤ 例如，吴承明指出，即使做到所用史料尽都正确无误，仍然不能保证就可得出正确的结论。传统史学所使用的基本方法是归纳法，而归纳法本身有缺陷，其中最著者是：除非规定范围，所得结论都是单称命题，难以概括全体；虽然可以用概率论方法做些补救，但难用于历史。参见吴承明的《论历史主义》(载《中国经济史研究》，1993 (2)) 与《中国经济史研究的方法论问题》(载《中国经济史研究》，1992 (1))。

看法。

鲁氏说："'新史学'这样东西，总可以应付我们日常的需要。他一定能够利用人类学家、经济学家、心理学家、社会学家关于人类的种种发明。……这部书所以叫做《新史学》的缘故，就是特别要使大家知道：……历史的观念同目的，应当跟着社会同社会科学同时变更的"，"研究历史的人，应该急起直追，去利用新科学里面的新学说才对。所谓新科学，就是人类学、古物学、社会同动物心理学、同比较宗教的研究"。"这本书所以定名为《新史学》的缘故，就是要打破俗套，去利用各种新科学上的新学说，而且要使历史同入各种学问革命的潮流里去"。

梁启超批评中国传统史学说："徒知有史学，而不知史学与其他学之关系"。他在《新史学》中明确指出史学必须求助于其他学科，获得诸学之公理、公例。具体而言，"地理学也，地质学也，人种学也，言语学也，群学也，政治学也，宗教学也，法律学也，平准学也（即日本所谓经济学），皆与史学有直接之关系。其他如哲学范围所属之伦理学、心理学、论理学、文章学及天然科学范围所属之天文学、物质学、化学、生理学，其理论亦常与史学有间接之关系，何一而非主观所当凭藉者！取诸学之公理公例，而参伍钩距之，虽未尽适用，而所得又必多矣"①。换言之，与史学有"直接关系"的学科相当于今日的社会科学，而有"间接关系"的学科则为哲学与自然科学。王国维针对当时"士夫谈论，动诋异端"（排斥外国学术）的现象指出："在学术上只有是非真伪之别，中国学术界欲改变停滞不前状态，当破除中外之见"②，并说："异日发明光大我国之学术者，必在兼通世界学术之人，而不在一孔之陋儒"；"发明光大之道，莫若兼究外国之学说"③。王

① 梁启超：《新史学》，见《饮冰室合集·文集》之九，10～11页，北京，中华书局，1989。

② 王国维：《论近年之学术界》，见《王国维遗书》，第5卷，上海，上海古籍出版社，1983。

③ 王国维：《奏定经学科大学文学科大学章程书后》，见王国维：《静庵文集续编》，沈阳，辽宁教育出版社，1997。

国维和陈寅恪虽然没有集中地谈在史学研究中引入其他学科的方法的问题，但是他们之所为，也出色地显示了这一点。陈寅恪在总结王国维治学方法时，除了对王氏的“二重证据法”作了很好的说明外，也指出王氏治学的第三个特点，即“取外来之观念与固有之材料互相参证”。王氏很早就向中国学界介绍了康德、叔本华、西季维克等的学说，他也是用西方哲学、美学思想诠释中国古典的先驱者。陈氏早在留学欧洲时就已指出，“如以西洋语言科学之法，为中藏文比较之学，则成效当较乾嘉诸老，更上一层”①。他在后来的研究中，即将此付诸实践。而借助历史比较语言学的方法来研究东方历史语言，正是外国学者借助着“近代学问最光荣的成就之一”，尤其是他们的研究范围比较宽广，例如对中国历史上的边疆各族就格外注意研究，恰好能解决中国学者忽略的或解决不了的问题。② 此外尚有一点值得注意，虽然陈氏自己很少谈西方社会科学理论，但是他对西方社会科学中的重要理论著作并不忽视。例如他虽然不信仰马克思主义，但却是最早读过《资本论》的中国人之一。③ 由此可见，陈氏的学术视野是十分广阔的。

由上可见，20世纪初期清华学派的代表人物，在“研究什么”和“怎样研究”这两个史学的根本问题上，确实是站在当时的“国际前沿”的。④

三、“国际前沿”与“中国特色”

传统史学虽然有种种缺失，但是也具有合理的成分。如何对待传统史

---

① 陈寅恪：《与妹书》，转引自汪荣祖：《史家陈寅恪传》，221页，北京，北京大学出版社，2005。

② 参见傅斯年：《历史语言所工作之旨趣》，见国立中央研究院历史语言研究所集刊，1928年10月。

③ 他早在清宣统三年（1911）就已在瑞士读过《资本论》原文。参见汪荣祖：《史家陈寅恪传》，5页。

④ 梁氏的《新史学》不仅与鲁滨孙的《新史学》同名，而且都以对旧史学批判为出发点，可见“英雄所见略同”。不仅如此，梁氏《新史学》的出版，比鲁滨孙《新史学》的出版早了十年，更显示了梁氏见解的前沿性。

学中的合理成分，也是20世纪初期国际史学所面临的一个重要问题。

传统史学的合理成分表现在以下方面：

首先，传统的史学长于现象描述，因此也被视为“艺术”而非“科学”。而将过去所发生的事情清楚地描绘出来并展示给世人，乃是史学研究的主要目标之一。在此方面，没有其他方法可取代传统的史学方法。历史上的各种制度也是史学研究的重要内容。而制度史研究，主要使用的方法仍然是传统史学的方法。因此离开了传统史学的方法就谈不上史学研究。

其次，在西方，在19世纪中叶以前，以兰克学派为代表的客观主义史学已在西方史坛上取得重要地位。该学派强调史料、注重考证，被认为是“科学的史学”之圭臬。通过几代学者的不懈努力，到了19世纪末，以伯伦汉（E. Bernheim，又译伯因海姆）1889年撰写的《史学方法论》为标志，考证学已成为现代西方史学的根基。在中国，到了18世纪，传统史学在精密审定史料方面已有长足进步，特别是乾嘉学派更将此项工作发展到了很高的水平。乾嘉学派高度重视原始文献，对文献文本使用内证、外证的训诂考据方法进行充分考证，以求得真实。乾嘉学派与兰克学派的一个共同特点，是力图通过考证分析，弄清历史记载的真伪和可靠程度。① 史料是史学的根本，绝对尊重史料，言必有证。治史者必须从治史料开始，不治史料而径谈历史者，非史学家。由于史料并非史实，必须经过考据、整理，庶几接近史实，方能使用，因此史料学和考据学的方法可以说是历史学的基本方法。②

运用以上方法进行研究，并不涉及社会科学和自然科学的理论。因此这种不重理论的做法，可以说是传统史学方法的基本特征之一。这种不重理论的做法，也具有其特殊的价值，因为是否需要理论，乃是由研究的对象与目的所决定的。希克斯（John Hicks）指出，“在史学研究中，是否使用理论，

---

① 参见吴承明：《论历史主义》，载《中国经济史研究》，1993（2）。

② 参见李伯重：《历史上的经济革命与经济史的研究方法》，载《中国社会科学》，2001（6）。

在于我们到底是对一般现象还是对具体经过感兴趣”；“如果我们感兴趣的是一般现象，那么就与理论（经济学理论或其他社会理论）有关。否则，通常就与理论无关”；而“历史学家的本行，不是以理论术语来进行思考，或者至多承认他可以利用某些不连贯的理论作为前提来解释某些特定的历史过程”①。余英时则说：“史学论著必须论证（argument）和证据（evidence）兼而有之，此古今中外之所同。不过二者相较，证据显然占有更基本的地位。证据充分而论证不足，其结果可能是比较粗糙的史学；论证满纸而证据薄弱则并不能成其为史学。韦伯的历史社会学之所以有经久的影响，其原因之一是它十分尊重经验性的证据。甚至马克思本人也仍然力求将他的大理论建筑在历史的资料之上。韦、马两家终能进入西方史学的主流，决不是偶然的”②。因此对于史学家来说，传统的史学方法是必须掌握的基本方法。

在对传统史学的价值的认识方面，清华学派的代表人物显然比鲁滨孙深刻得多。鲁氏在其《新史学》一书中，基本上没有谈到兰克学派及其重要遗产，因此朱希祖在为该书中译本所作的序中说：“我看 Robinson 这部书，都是消极的话——都是破坏旧史学思想的说话。他积极的话——建设新史学的说法——就是第三篇全篇和我上面所举的那几句话”。与此相对照的是，清华学派的代表人物对待传统史学中的精华的态度显然要更为全面和公允。

梁启超早期对“旧史”的批判，在一些方面颇有过火之处。特别是他认为在“新史学”和“旧史学”之间绝然存在着一道鸿沟，既无任何联系，却有对立之势，故以彻底否定“中国之旧史”为目的。其《新史学》在倡言史学之“新”的方面，有首开风气的历史作用；而在批判史学之“旧”的方面，虽也提出一些有价值的问题，但尚不能作为一种理性的批判来看待。到了1920年代，梁氏对传统学术的看法有了明显的改变，先后写出了《清代学术

---

① John Hicks, *A Theory of Economic History*, p. 2.

② 余英时：《关于韦伯、马克思与中国史研究的几点反省》，见余英时：《文化评论与学术情怀》，台北，允晨文化实业股份有限公司，1990。

概论》、《中国近三百年学术史》等重要著作，对以清代乾嘉学派为中心的清代史学作了充分的肯定和系统的总结。王国维和陈寅恪对传统史学的态度比梁启超更加积极。王国维的名言“吾侪当以事实决事实，而不当以后世之理论决事实，此又今日为学者之所当然也”，许冠三认为“大旨有类后来胡适的‘拿证据来！’”①陈寅恪曾针对1930年代一些学者“食洋不化”之风说：“窃疑中国自今日以后，即使能忠实输入北美或东欧之思想”，而“不改本来面目者，若玄奘唯识之学，虽震动一时之人心，而卒归于消沉歇绝”。他并且指出：“真能于思想上自成系统，有所创获者，必须一方面吸收输入外来之学说，一方面不忘本来民族之地位”②。虽然梁、王、陈都受过“西学”和“新学”的熏陶，并带头大力引进“西学”和“新学”，但是他们对传统学术的精华也持积极的态度。也正因为如此，所以清华国学院也培养出了像赵万里、徐中舒、姜亮夫、刘盼遂等以“国学”见长的著名史家。

这种既积极吸收西方新的社会科学理论与方法，又努力继承中国传统史学的精华的态度，最集中地表现在王国维的“三无”之说里，即学问“无新旧”、“无中西”和“无有用无用”之义。对中西学术的关系，王氏和陈寅恪都作了深刻的总结。王氏说：“居今日之世，讲今日之学，未有西学不兴而中学能兴者，亦未有中学不兴而西学能兴者”③。陈氏则说凡“真能于思想上自成系统，有所创获者，必须一方面吸收输入外来之学说”，“一方面不忘本来民族之地位”④。总而言之，凡是有价值的，无论古今中外，都取为我用。这就是吴承明说的“史无定法”：“就方法论而言，有新、老学派之分，但很难说有高下、优劣之别”，“新方法有新的功能，以至开辟新的研究领域；但就历史研究来说，我不认为有什么方法是太老了，必须

① 许冠三：《新史学九十年》，105页。

② 陈寅恪：《冯友兰中国哲学史下册审查报告》，见陈寅恪：《金明馆丛稿》二编。

③ 许冠三：《新史学九十年》，104页。

④ 陈寅恪：《陈寅恪文集》，第三册，252页，上海，上海古籍出版社，1982。

放弃”，“我以为，在方法论上不应抱有倾向性，而是根据所论问题的需要和资料等条件的可能，作出选择”①。

这种中西融会、古今贯通的治学态度，是导致清华学派在史学研究上达到近代中国学术高峰的根本原因之一。这也表现了清华学派在史学的方法论这样一个根本问题上，比鲁滨孙的《新史学》所代表的“国际前沿”还要走在更前面。

四、“革命尚未成功，同志仍须努力”

自梁氏提出新史学的口号以后，虽然学界对此口号一直有争议，包括王国维、陈寅恪等学术大师在内的许多学者也并不以“新派”自我标榜，但是以清华学派为代表的“新史学”运动日益壮大，以至于成为 20 世纪中国史学的主旋律，却是不争的事实。梁启超于 1902 年发表《新史学》，章太炎、夏曾佑、陈黻宸、朱希祖、何炳松等起而呼应。到清华国学院成立后，新史学运动更有了一个基地。1929 年，清华大学撤销国学院，建立历史系，从南开聘请蒋廷黻为系主任，上述学术取向变得更加明朗。② 国学院及其后继者清华大学历史系，先后汇集了李济、陆懋德、张荫麟、蒋廷黻、刘崇鋐、雷海宗、孔繁霱、噶邦福、吴晗、邵循正、王信忠、孙毓棠、周一良等著名史家。他们的学术背景或研究领域有所不同，但都未偏离梁、王、陈三位大师所开辟的学术道路。③ 不仅如此，清华学派的影响还远远超出了清华园。例如陈垣和钱穆两位国学大师，就是很好的例子。

① 吴承明：《中国经济史研究的方法论问题》，载《中国经济史研究》，1992（1）。

② 何炳棣指出：在 30 年代的清华历史系，“当时陈寅恪先生最精于考据，雷海宗先生注重大的综合，系主任蒋廷黻先生专攻中国近代外交史，考据与综合并重，更偏重综合。……在历史的大领域内，他主张先读西洋史，采取西方史学方法和观点的长处，然后再分析综合中国历史上的大课题。回想起来，在三十年代的中国，只有清华的历史系才是历史与社会科学并重；历史之中西方史与中国史并重；中国史内考据与综合并重”（何炳棣：《读史阅世六十年》，68 页）。

③ 这种道路就是上引何炳棣所说的三个并重的道路。

与有留学经历的大多数清华史家相比，陈垣是一位通常被认为比较“传统”且相对较“土”的学者，许冠三便说他是“土法为本，洋法为鉴”。但正如罗志田所言，“其实陈的自我定位恰反之，他在其子陈约之来信上批复说：自己治学极得医学之益，‘近二十年学问，皆用医学方法也。有人谓我懂科学方法，其实我何尝懂科学方法，不过用医学方法参用于乾嘉诸儒考证方法而已’。按陈氏自己开办过新式医学院，并著有《中国解剖学史料》，他这里所说的‘医学’，当然指的是西来医学，故其受西学影响之大，还当重新认识。傅斯年在与陈寅恪论及‘此时修史，非留学生不可’时，便特别指出‘陈援庵亦留学生也’，与‘粹然老儒，乃真无能为役’者大不相同”①。钱穆虽然在治学方法上更加传统，但是在其《国学概论》于1931年出版时，他在“弁言”中写道：“学术本无国界。‘国学’一词，前既无承，将来亦恐不立。特为一时代的名词。其范围所及，何者应列国学，何者则否，实难判别。本书特应学校教科讲义之需，不得已姑采梁氏清代学术概论大意，分期叙述”。当时他对梁启超、胡适、顾颉刚等人对传统的怀疑与批判，并无恶感，而对他们在研究方法上的探索，亦颇为赞许。② 因此清华学派的中西交融、古今贯通的治学途径，逐渐成为中国史学的正宗。

经过几代学者的努力，到了20世纪中后期，中国史学已变得与传统史学截然不同。在此意义上可以说，新史学已经大获全胜。但是时至今日，我们又一次面临着“新世纪，新史学”的问题。而与一个世纪前的情况相同，之所以出现这个问题，是因为史学又受到严峻挑战。这种挑战一方面来自后现代主义，另一方面则来自社会科学的变化。

西方的史学，从启蒙运动的“普遍理性”到黑格尔和兰克的“历史主义”，具有两个主要的特征，即历史一线进步的普遍观念和西方中心论，两者是相辅相成的。启蒙运动以后，随着西方国家的崛起，历史进步的观念

① 罗志田：《史料的尽量扩充与不看二十四史》，载《历史研究》，2000（4）。

② 参见王晴佳：《钱穆与新史学之离合关系》。

和科学理性的观念已被视为历史研究的指导思想。历史学也被视为是“一门科学，不多也不少”[①]。自19世纪以来，随着西方殖民主义的扩张，现代主义的历史思维与西方中心论更紧密地结合在一起，越来越具有全球的性质。对西方现代主义历史思维的质疑并不是从后现代主义开始的，但后者的冲击具有颠覆性质。既然现代主义历史思维注重理性，注重西方，注重中心和精英，注重线性发展和进步，它就忽视了历史的许多重要方面：非理性、非西方、边缘、“它者”、“另类”、弱势群体、底层群众、日常生活、微观事物、突发事件、妇女、个人、枝节等等。而这些也就成了后现代主义史学强调的方面。后现代主义者直面这些问题，尖锐地提出质难，标志着西方学术界的风向有了大的变化。对我们来说，最重要的启示是：认识和发扬非西方文化，特别是中国文化，主要应该是国人的责任。我们需要了解和研究包括西方在内的一切海外文化，借鉴所有有益的养分，但着眼点只能是继承和发展我国的文化。[②] 在史料方面，后现代主义者宣称“小说家编造谎言以便陈述事实，史学家制造事实以便说谎”，从根本上否认作为史学基础的传统史料学存在的价值和意义。我们不能不承认这种攻击不乏合理之处。

鲁滨孙说：“（新史学）一定能够利用人类学家、经济学家、心理学家、社会学家关于人类的种种发明——五十年来的种种发明，已经将我们对于人类的来源、进步同希望、种种观念革命了。五十年来没有一种科学，无论是有机或无机的，不受重大的变化，而且有许多新科学增加出来，他们的名字，在十九世纪中叶以前的历史家亦都不知道。史学这种学问，当然免不了混入这个革命潮流里去。不过我们不能不承认现在有许多历史家，还不知道历史有革命的必要”[③]。简言之，新史学的一个主要特征，是把社

---

① Fritz Stern, ed., *The Varieties of History*, p. 223. 转引自陈启能：《“后现代状态”与历史学》，载《东岳论丛》，2004（2）。

② 参见陈启能：《“后现代状态”与历史学》，载《东岳论丛》，2004（2）。

③ ［美］鲁滨孙：《新史学》，12页。

会科学的理论方法引入史学，依靠之进行研究，从而也极大地改变了史学本身。但是这也意味着：一旦社会科学中的主要理论方法发生变化，那么史学也难以不受影响。20世纪是一个社会科学发生巨大变革的时代，其结果是“19世纪的社会理论，在许多方面已不再可信”①。这个剧变使得我们用于构建历史的主要依据也发生了动摇，因而对史学产生了空前的冲击，导致了全球性的“史学危机”。这个危机开始于1960年代，到20世纪末达到高潮，其矛头主要是针对构成以往史学研究基础的理论方法。由于当前的史学危机主要是理论方法的危机，因此要摆脱危机，就必须不断地改进史学的理论方法。换言之，必须全面检讨原有理论方法，扬弃其中已经被证明不合理的部分，从其他学科的理论方法中汲取有用的成分，不断探索新的理论方法。

为此，在鲁滨孙提出“新史学”口号大半个世纪之后，年鉴学派第三代领袖勒高夫于1978年又一次提出建立“新史学”的口号，并主编了《新史学》百科词典，来阐明年鉴学派与新史学的联系与区别。因此，有的学者将此阶段的年鉴学派称为“年鉴—新史学”学派或“新史学”学派。这种“新史学”的特点是：提出了新问题，采用了新方法，从而革新了历史的传统领域。此外，还将历来属于人类学的对象，也变成了史学研究的对象。“新史学”打了几次大胜仗，使得经济史和社会史的基本地位得以确立，调查和集体研究的方法得到采用，史学向其他人文科学的开放进一步扩大。“新史学”还特别重视将人类学作为优先联系对象，并且为政治史、事件史研究恢复了名誉，同时也把精神状态和感觉映像的历史作为一条主要战线，从而改变了早期年鉴学派学者那种太过偏重经济史和社会史研究的局面。这些变化，使得原先主要以西欧大陆为基地的年鉴学派，与英美史学的主流学派相互接近和交融，从而导致了年鉴学派在世界史坛上的影

① ［美］王国斌：《转变的中国：历史变迁与欧洲经验的局限》，3页，南京，江苏人民出版社，1998。

响进一步扩大和世界史学的进一步国际化。①

在20世纪最后二三十年中，国际史学界出现了一个检讨与探索理论与方法的浪潮。经过二十多年来的改革开放，今天的中国史学已是国际史学的一个重要组成部分，因此在这个全球性的史学危机中，我国史学也难以置身事外。不仅如此，我国史学还有自身的特殊问题。1950年代初，我国引入当时苏联流行的马克思主义史学理论与方法，导致了史学研究在研究对象和方法上的变革。这个变革一反“有史无论”的偏见，倡导以马克思主义的理论为指导。这种对理论的高度重视，同1950年代国际史学变革的健将、年鉴学派的旗手布罗代尔的著名口号“没有理论就没有历史”，形成相互呼应之势。同时，这个变革也特别强调对过去史家所漠视的人民大众在经济活动中的作用与地位进行研究。但也应指出，由于种种原因，这个时期的史学研究未突破以生产关系研究为中心的格局，方法上亦呈现出教条化与简单化倾向。这些问题到“文革”前夕与“文革”时期发展到极端，演变为“路线斗争决定论”等荒谬的“理论”，和无视史实乃至捏造史实的恶劣手法。姑且不论这些“理论”将史学变为政治斗争的工具的做法，在某种意义上与鲁滨孙所说的旧史学附属于神学有相似之处，即使是“文革”前史学研究中“以阶级和阶级斗争为中心”的偏向，实际上也是把史学变成“以阶级斗争为中心”的政治史，从而倒退到了旧史学偏重政治史的状况。至于在史料方面，则长期受到忽视和歧视，以致在以往处于史坛主流的“史料派”（或者“史料考订派”），连同其路数则被放逐到史学界边缘，1958年的“史学革命”是对考订派的最后一击，这是以往历次所谓“批判资产阶级学术”运动的总汇，其后果是史料考订派作为一个潜在的整体已经不复存在。② 因此，到1979年改革开放开始时，严格意义上的史学研究基本上已经不复存在。

---

① 李伯重：《“年鉴学派”——一个重要的历史学派》，载《百科知识》，1996（6）。

② 参见王学典：《近五十年的中国历史学》，载《历史研究》，2004（1）。

1979年以后，我国史学进入了一个新时代。随着对外开放的逐步展开，国际史坛的各种见解、理论、方法不断被介绍进来，从而使得我国史坛又面临着一次外来的冲击。在此同时，我国学者也对传统史学（特别是考据学）的价值进行了重新的定位，"回到乾嘉去"成为了一个热门话题。在此背景之下，我国史坛又一次出现了"西学"与"中学"、"新学"与"旧学"相互冲突和竞争的局面。这种局面使今日史学面临着一个重大转变的关头。

巴勒克拉夫说："历史学已经到了转折时期这个事实并不意味着它必定会沿着正确的方向前进，也不意味着它一定有能力抵制住诱惑，避免陷入歧途"。史学发展的最大敌人在于史学家自己，因为"当前在历史学家当中的一个基本趋势是保守主义"；"近十五至二十年来历史科学的进步是惊人的事实"，但是"根据记载，近来出版的百分之九十的历史著作，无论从研究方法和研究对象，还是从概念体系来说，完全在沿袭着传统。像老牌发达国家的某些工业部门一样，历史学只满足于依靠继承下来的资本，继续使用陈旧的机器"。而造成这种状况的最重要的原因，则在于历史学家"根深蒂固的心理障碍"，即"历史学家不会心甘情愿地放弃他们的积习并且对他们本身工作的基本原理进行重新思考"。因此到了今天，"历史学已经到达决定性的转折时期"。而关键就是历史学家们要克服"根深蒂固的心理障碍"①。这样的问题，在我国也同样存在。

要顺利地克服我们所面临的危机，我们要发扬当年清华学派所代表的中西交融、古今贯通的传统，尽取"西学"、"中学"、"新学"、"旧学"之精华为我所用，努力探讨和改进理论方法，拓展史料种类和来源，提高我们建构和解释历史的能力。虽然对于历史学家来说，要完完全全地重现历史可能只是一个永远的梦，但是随着赖以重现历史的史料的不断丰富和构想能力的不断改善，我们总是在不断地向这个目标接近。

---

① ［美］巴勒克拉夫：《当代史学主要趋势》，327、330～332页。

迎接我国的第二次“新世纪，新史学”*

我国具有优秀的史学传统，但是传统史学也有自身的不足。西学东渐之后，这些不足日益暴露了出来。早在20世纪初，梁启超在其《新史学》一文中，最早对这些不足进行了分析，并号召创立一种新的史学。这就是中国历史上的第一次“新世纪，新史学”。因此，梁氏的这个号召体现了时代的要求，从而开始了中国史学的新时代。

史料和理论是史学的两大基石。新史学要做到“新”，就必须在这两方面都与传统史学有明显的不同。这次“新世纪，新史学”运动的倡导者们旗帜鲜明地指出了这一点。胡适说：“审定史料乃是史学家第一步根本工夫。西洋近百年来史学大进步，大半都由于审定史料的方法更严密了”。而梁启超则指出新史学必须获得“诸学之公理、公例”，即利用社会科学的理论方法研究历史。换言之，要在史料和理论均有突破，才会有新史学。

史料是史学的基础，原因如傅斯年所言，即“史学的对象是史料”，因此“史学的工作是整理史料，不是作艺术的建设，不是作疏通的事业，不是去扶持或推倒这个运动或那个主义”①。在史料工作方面，胡适曾批评中国的传统史学说：“中国人作史，最不讲究史料。神话、官书都可以作史料，全不问这些材料是否可靠。却不知道史料若不可靠，所作的历史便无

* 此文系我提交“中国社会科学院历史研究所成立五十周年的庆祝会”的文章，刊于《中国社会科学院历史研究所集刊》(2005)及《中国史研究》，2005(S1)。

① 傅斯年：《史学方法导论》，见《傅斯年全集》，第2册，台北，联经出版事业公司，1980。

信史的价值”①。但事实上是到了清代，我国传统史学在精密审定史料方面已有长足进步，特别是乾嘉学派更将此项工作发展到了很高的水平。乾嘉学派高度重视原始文献，对文献文本使用内证、外证的训诂考据方法进行充分考证，以求得真实。而“考据，严格说来，只能算是一个研究方法，其精髓就是无证不信，‘拿证据来’，不容你胡思乱想”②。乾嘉学派的这种作法，与19世纪欧洲的客观主义历史学派的做法有异曲同工之妙。该学派兴于19世纪初期，通过几代学者的不懈努力，到了19世纪末，以伯伦汉1889年撰写的《史学方法论》为标志，考证学已成为现代西方史学的根基。因此吴承明总结说：史料是史学的根本，绝对尊重史料，言必有证，论从史出，这是我国史学的优良传统。治史者必须从治史料开始，不治史料而径谈历史者，非史学家。由于史料并非史实，必须经过考据、整理，庶几接近史实，方能使用，因此史料学和考据学的方法可以说是历史学的基本方法。从乾嘉学派到兰克学派，中外史家都力图通过考证分析，弄清历史记载的真伪和可靠程度。③ 由于中国传统史学有乾嘉的根底，因此与近代西方史学在史料学方面有许多共通之处。

但是在理论方面，情况却有颇大不同。不重理论，乃是传统史学方法的基本特征之一。这并非只是负面的，因为是否需要理论，乃是由研究的对象与目的所决定的。希克斯指出：“在史学研究中，是否使用理论，在于我们到底是对一般现象还是对具体经过感兴趣”；“如果我们感兴趣的是一般现象，那么就与理论（经济学理论或其他社会理论）有关。否则，通常就与理论无关”；而“历史学家的本行，不是以理论术语来进行思考，或者至多承认他可以利用某些不连贯的理论作为前提来解释某些特定的历史过程”④。在近代

① 胡适：《中国哲学史大纲》，上卷，19页，台北，里仁书局，1982。

② 季羡林：《我的学术总结》，载《文艺研究》，1993（3）。

③ 参见吴承明：《论历史主义》，载《中国经济史研究》，1993（2）。

④ John Hicks, *A Theory of Economic History*, p. 2.

以前，史学家所关注的主要是具体事件的经过，而非一般现象，因此很少需要理论。同时，当时尚无社会科学出现，当然也无法从社会科学中引入理论。

但是，从近代史学的角度来看，不重理论确是传统史学的致命弱点。巴勒克拉夫总结 20 世纪上半叶国际史学的发展时，把当时占主导地位的历史主义学派的不足作了归纳。[①] 吴承明先生对此作了进一步讨论。[②] 在第二次世界大战以后（尤其是 1955 年以后），由于突破了历史主义的束缚，应用社会科学的理论和方法，史学才从艺术转变为科学。[③]

那么，为什么社会科学理论方法对史学如此重要呢？

许倬云先生指出："历史是什么？历史是我们对过去的知识，是我们取舍整理有意义的事件，以我们的认识加以贯串，用我们能够理解的逻辑解释过去"[④]。这种逻辑，也就是理论。它之所以重要，乃是因为它为历史提供了框架。历史研究的中心任务是重现过去。但是过去的状况并不只是一大堆散乱无序的史实。要把一大堆散乱无序的史实建构成一座立体的大厦，就需要借助于一定的构想技术。而这种构想技术，就是以许氏所说的逻辑（或者说理论）为基础的。如果没有这种构想技术，要建构这样一座大厦是完全不可能的。在此意义上，布罗代尔的名言"没有理论就没有历史"是非常正确的。

上述情况，在我所从事的经济史这一领域中表现最为明显。凯恩斯曾说："经济学与其说是一种学说，不如说是一种方法，一种思维工具，一种构想技术"[⑤]。经济史学属于史学，研究对象是"过去的、我们还不认识或认识不清楚的经济实践（如果已经认识清楚就不要去研究了）"[⑥]。经济史

---

① 参见［英］巴勒克拉夫：《当代史学主要趋势》，15～25 页。

② 参见吴承明：《论历史主义》，载《中国经济史研究》，1993（2）。

③ 参见［英］巴勒克拉夫：《当代史学主要趋势》，第 3 章。

④ 许倬云：《中国文化的发展过程》，69 页，香港，香港中文大学出版社，1992。

⑤⑥ 吴承明：《经济学理论与经济史研究》，载《经济研究》，1995（4）。

研究只能以历史资料为依据，但是，即使做到所用史料尽都正确无误，仍然不能保证就可得出正确的结论。① 如果没有经济学提供的思维方法和构想技术，就无法进行经济史研究。一些经济史学者拒绝经济学理论，但实际上他们也在不自觉地使用某种理论。正因如此，如果他们使用的理论有问题，结果是这些学者往往在无意之中会得出一些错误的结论。因此，对于经济史研究来说，确实是“没有理论就没有历史”。

由于不重理论是传统史学的主要缺陷，因此20世纪的新史学运动，中心任务就是把理论引入史学。这一点，从梁启超对新史学的诠释中可以清楚地看到。他所倡导的新史学与传统史学的主要差别，在于前者实际上是以近代西方史学为蓝本的。近代西方史学的一个重要特点就是越来越依靠社会科学所提供的理论方法研究历史，因此梁氏在《新史学》一文中大力鼓吹史学研究应当建立在一定的理论基础之上，即“取诸学之公理、公例而参伍钩距之，虽未尽适用，而所得又必多矣”。

新史学运动是20世纪中国史学的主旋律。自梁氏提出新史学的口号以后，经过几代学者的努力，到了20世纪中后期，中国史学已变得与传统史学截然不同。在此意义上可以说，新史学已经大获全胜。但是，今日我们确实又一次面临着“新世纪，新史学”的问题。而与一个世纪前的情况相同，之所以出现这个问题，是因为在史料和理论方法两方面都受到严峻挑战。

在史料方面，后现代主义者宣称“小说家编造谎言以便陈述事实，史学家制造事实以便说谎”，从根本上否认作为史学基础的传统史料学存在的价值和意义。虽然我们不能不承认这种攻击不乏合理之处，不过整体而言，这种攻击还不足以对史学构成重大威胁。

在理论方法方面，情况却大不相同。近代史学的主要特征是把社会科

① 参见吴承明：《论历史主义》，载《中国经济史研究》，1993（2）；《中国经济史研究的方法论问题》，载《中国经济史研究》，1992（1）。

学的理论方法引入史学，依靠之进行研究，从而极大地改变了史学本身。但是这也意味着：一旦社会科学中的主要理论方法发生变化，那么史学也难以不受影响。20 世纪是一个社会科学发生巨大变革的时代，其结果是“19 世纪的社会理论，在许多方面已不再可信”①。这个剧变使得我们用于构建历史的主要依据也发生了动摇，因而对于史学产生了空前的冲击，导致了全球性的“史学危机”。这个危机开始于 1960 年代，到 20 世纪末达到高潮，其矛头主要就是针对构成以往史学研究基础的理论方法。因此国际性的史学危机，从根本上来说就是史学理论方法的危机。

由于当前的史学危机主要是理论方法的危机，因此要摆脱危机，就必须不断地改进史学的理论方法。换言之，必须全面检讨原有理论方法，扬弃其中已经被证明不合理的部分，从其他学科的理论方法中汲取有用的成分，不断探索新的理论方法。在 20 世纪最后一二十年中，国际史学界出现了一个检讨与探索理论与方法的浪潮。这正是历史学力图克服危机、争取生存和发展的表现。

经过二十多年来的改革开放，今天的中国史学已是国际史学的一个重要组成部分。因此在这个全球性的史学危机中，我国史学也难以置身事外。对于如何对付这个危机，现在学者们在许多方面尚未达成共识。但是有一点已经很清楚：如果要使中国史学“转危为安”的话，我们必须正视这个危机，而不能回避之。因此，在 21 世纪初，虽然中国史学已变得与传统史学截然不同了，但是从某种意义上来说，我们也和一个世纪以前的中国史学工作者一样，面临着“新世纪，新史学”的问题。

面对危机，进行新的探索是唯一的出路。换一个角度来看，这个危机对于史学的发展来说未必不是一件好事。认识过去的实践是一个过程，我们在此过程的某个阶段上的认识不可能达到完美无缺。随着认识方法的改

---

① ［美］王国斌：《转变的中国：历史变迁与欧洲经验的局限》，3 页。

进，我们总会发现过去的认识有缺陷。只有不断改进研究方法，使得我们对过去的认识尽可能地接近真实，史学才能立于不败之地。

虽然在新世纪之初来预见新史学的特点还为时过早，但是可以肯定的一点是，我们必须秉承上一次“新世纪，新史学”的战斗精神，正视今日史学所面对的严峻挑战。巴勒克拉夫说：“历史学已经到了转折时期这个事实并不意味着它必定会沿着正确的方向前进，也不一定意味着它有能力抵制住诱惑，避免陷入歧途”。史学发展的最大敌人在于史学家自己，因为“当前在历史学家当中的一个基本趋势是保守主义”①。面对危机，史学家只有积极应对，而不是采取鸵鸟政策，消极逃避，因为“静止等于死亡”（勒高夫语）。同时，我们也要发扬上一次“新世纪，新史学”的主要思路，努力探讨和改进理论方法，拓展史料种类和来源，提高我们建构和解释历史的能力。虽然对于历史学家来说，要完完全全地重现历史可能只是一个永远的梦，但是随着赖以重现历史的史料的不断丰富和构想能力的不断改善，我们总是在不断地向这个目标接近。这也正是每一次“新世纪，新史学”之所以有必要的根本原因。

中国社会科学院历史研究所是我国最重要的史学专业研究机构，向有史学研究的“国家队”之称，在自成立之日到现在的半个世纪的历程中，一直引导着我国史学研究的方向。在当前对于“新世纪，新史学”的探索中，也一定能够发挥主导作用，从而为我国史学在 21 世纪的繁荣和发展作出新的贡献。

---

① ［英］巴勒克拉夫：《当代史学主要趋势》，330 页。

放眼世界：中国经济史研究中的国际潮流

近年来的欧美中国经济史研究*

近二十年来，欧美的中国经济史研究有重大发展。在美、英、法、荷、德以及澳大利亚、加拿大等国，中国经济史研究逐渐羽翼壮大，从传统的汉学中脱颖而出，成为一个独立的学科。其成就主要表现在以下三个方面：

第一，研究领域拓宽。过去欧美的中国经济史研究主要偏重于中外经济关系、中国近代以前社会的结构和内部阶级关系、经济制度、农业和商业等。其中制度史的研究又占有特别重要的地位。但到 20 世纪 70 年代中期以后，除了以上领域的研究有重大进展外，又增加了新的研究领域，特别是关于经济成长与发展、社会组织、人口与生态环境、大众文化与社会经济的关系等方面的研究。而且中国经济史的研究与社会史、政治史、文化史、思想史、人口史、家庭史、妇女史、环境史等方面的研究变得密不可分，以至于无法在它们之间划出一道清楚的界线。

第二，引入新的研究方法。就研究主流而言，自 1970 年代中期以后，新的研究方法（如经济学方法、社会学方法、计量史学方法乃至人口学、人类学、比较文化学、自然科学等学科的方法）大量引入，使得中国经济史研究的方法呈现出多彩多姿的景象。同时，其他学科的学者也在向中国经济史研究接近，为中国经济史的研究带来了更系统和更完备的方法。

---

* 本文刊于《光明日报》，2000-11-24，“历史周刊”栏。

第三，突破旧有的研究理论。在以往欧美的中国经济史中占主导地位的理论（如“冲击—回应”论、“传统—近代”论和“帝国主义”论等），都具有强烈的“西方中心论”色彩。自 1970 年代中期以来，多种理论并用，或者推翻旧理论、提出新理论的情况日益普遍，而最大的研究热点是关于“中国中心论”史观的争论。支持这种史观的学者主张从中国出发而不是从西方出发来研究中国历史，尽量采用中国的而不是西方的准绳来判断中国历史现象。而另一些学者则在更深入地批判“西方中心主义”的同时，不赞成采取“中国中心主义”，而认为应把中国作为世界的一个重要部分客观地进行研究，同时也不赞成将现代国际主流学术一棍子打死的态度，认为目前没有必要也没有可能建立一个与其分庭抗礼的新体系。

近二十年来欧美中国经济史研究的发展具有以下三个主要特点：

从时间方面来看，研究的重点日益推后，以致明清以来的经济史成为中国史研究的显学。同时，为了更清楚地观察中国经济长期变化的特点，许多学者又将研究的时间拉长。特别是原来研究近代中国经济的学者，往往将其研究的时间上限上推至晚明乃至宋代。同时，为了方便长时期经济变化的研究，以王朝为断代的方法也被逐渐放弃。

从地域方面来看，一方面研究的范围日益变小，即将中国从空间上分解为若干个较小的、从而较易掌握的单位进行深入研究。这种单位一直小到农村和农村集市。就所研究的地区而言，过去那种江南地区研究一枝独秀的情况已有很大改变，对其他地区的研究进展迅速，像过去研究甚少的湖北、湖南、山东、山西、陕西、甘肃乃至新疆等地都有重要的研究成果出现。另一方面，研究的范围又在扩大。一些学者着重于“东亚经济圈”的研究，表现了一种要将中国经济置于一个更广阔的地域范围之中进行考察的趋势。

从社会层次方面来看，研究的对象日益向下，研究重点越来越从社会上层人物和机构（特别是帝王将相、督抚大吏以及中央和省级政府）转向城市普通市民、农村普通地主与农民以及民间基层社会组织（宗族、社团等），研究内容也日益扩大到普通民众的日常生产生活以及他们的精神世界、教育水平等。即使是对上层的研究，也出现了新的内容。例如近年来对清代国家的经济活动的研究，已从过去的经济政策、官方经济机构、政府专卖、赋税实施等制度史的研究，逐渐转向国家在开发边疆、促进贸易、进行赈灾救济、组织生产、协调各地经济活动等方面的实际行为的研究。

此外，近二十年来欧美中国经济史研究的发展，呈现出以下两个主要趋势：

一是研究的“国际化”。以往那种孤立隔绝的状况逐渐消除，年轻一辈的中国经济史研究者不仅在研究理论和方法上，而且在研究选题上都越来越一致，各地研究者有了更多的共同语言、合作兴趣，其共同参加的国际合作研究项目也大大增加。

二是理论观点和研究方法的“多元化”。欧美的中国经济史研究是西方史学的一个组成部分，近二十年来，西方史学以及人文社会科学的其他许多学科乃至整个认知科学都发生了一系列重大的变化，这些变化导致了西方史学原有理论与方法的危机，因此，年轻一代学者对原来居于主导地位的理论、方法乃至整个史观提出了挑战乃是必然的。但是他们所提出的新理论也尚待进一步完善。因此过去那种理论体系、手段方法、研究出发点和结论都大致相同的大一统局面确实已经被打破，应当说，对于中国经济史这一学科的发展来说，这种“多元化”是一个进步。

西方对明清中国经济看法的变化及其原因*

对明清中国经济状况的看法，在西方过去的几百年中发生了几次大的变化。16 世纪到 18 世纪末以前，西方对于当时中国的评价是很正面的。伏尔泰、魁奈、亚当·斯密等，都把中国看做经济发达的国家。18 世纪末情况开始转变，马嘎尔尼说中国是“一艘老旧的头等战舰”。到 19 世纪末 20 世纪初，这种情况发生了根本性的变化。从黑格尔以来，就把中国看成是一个木乃伊式的国家，没有发生过变化，没有内在的动力。这样的看法一直持续到第二次世界大战。后来费正清（John King Fairbank）提出“冲击—回应”（impact-response）论，认为中国是有变化的，但这种变化是在外力的影响下发生的。

中国史学界长期以来也认为明清处于“没落的封建社会末期”。但在 20 世纪五六十年代资本主义萌芽问题的讨论中，许多学者认为中国明清时期经济不是靠西方冲击才发生变化的，并且，如果按照它自身的轨迹发展下去，可以走上资本主义道路。在西方，与明清资本主义萌芽理论比较接近的是所谓“近代中国”的理论。这是越战以来出现的一个新理论。美国当时一批中年的史学家认为中国在明清时期不是没有变化，相反，明清中国经济是有活力的。这一看法在西方学界虽然逐渐为不少学者接受，但主流看法还是中国是一个停滞的、没有外力冲击就不能发生变化的国家。

* 本文刊于《中国社会科学院院报》，2002-03-12。

到了最近十几年，西方对明清中国的看法发生了非常大的变化。1990年代经济学家安古斯·麦迪森（Angus Maddison）运用实际购买力的计算方法，对中国从汉代以来的 GDP 作了计算，得出以下结论：1700 年时，整个欧洲的 GDP 和中国的 GDP 差不多相等。此后，从 1700 年到 1820 年，中国四倍于欧洲的经济增长，使得中国的 GDP 在世界 GDP 中所占的比重从 23.1%提高到了 32.4%，年增长率达 0.85%；而整个欧洲的 GDP 在世界 GDP 中所占的比重仅从 23.3%提高到了 26.6%，年增长率为 0.21%。① 因此直到鸦片战争前不久，中国经济不仅在绝对规模上，而且在增长幅度上，都雄居世界各大经济地区之首。在他之前，政治学家保罗·肯尼迪（Paul Kennedy）就作过一个估计，清代中期乾隆十五年（1750）时，中国的工业产值是法国的 8.2 倍，是英国的 17.3 倍。在 1830 年时，中国的工业产值是英国的 3 倍，法国的 5.7 倍。一直到第二次鸦片战争，英国的工业产值才刚刚赶上中国，而法国仅为中国的 40%。② 贡德·弗兰克（Andre Gunder Frank）的《白银资本》更直接指出：直到 1800 年，中国仍然是世界经济的中心，中国在世界市场上具有异乎寻常的巨大的和不断增长的生产能力、技术、生产效率、竞争力和出口能力，这是世界其他地区都望尘莫及的，以致中国能够把世界生产的白银（当时的世界货币）的一半吸引了去。③ 从他们这些看法来说，清代绝对不是一个停滞的时代，而且，清代经济的增长不是依靠外力，而是依靠自己内部因素达到的。

虽然这些看法有待进一步验证，但是它们提出了一个不容回避的问题：过去那种认为清代是一个经济停滞的时期的看法，是否符合历史的真实？

---

① Angus Maddison, *Chinese Economic Performance in the Long Run*, p. 44, Table 2. 2a, Table 2. 2b.

② 参见［美］保罗·肯尼迪：《大国的兴衰：1500—2000 年的经济变迁与军事冲突》，144～145 页，北京，国际文化出版公司，2006。

③ 参见弗兰克在其 *ReOrient*: *Global Economy in the Asian Age*（pp. 111－117）中所引用的多位西方和日本学者的观点。

因此，我们将不得不对清代中国经济进行重新评价。

西方对明清经济的看法为何会改变如此之大？我以为主要是由于视角的变化。19世纪和20世纪大部分时间中国经济在世界经济中的地位微不足道。按照安古斯·麦迪森的计算，在1820年以后的一个半世纪中，中国经济一直在衰落，而且是世界六大经济体（中国、欧洲、俄国、美国、印度、日本）中唯一出现人均GDP下降的地区。到1952—1978年，中国的GDP在全世界GDP中的比重仅为5%，人均GDP仅为全世界平均数的1/5到1/4。因此可以说中国是世界最大的穷国。1979年后中国经济迅速发展。到了1995年，中国的GDP在全世界GDP中的比重，从1978年的5%，迅速上升到10.9%，已超过日本（8.4%）和苏联地区（2.2%），而仅次于欧洲（23.8%）和美国（20.9%）。依照一些西方权威经济学家的预测，如果中国经济能够保持近20年来的增长率，那么在二三十年后，中国GDP将超过美国。也就是说，在可以见到的未来，中国又将恢复其两百多年前在世界经济中的地位，成为世界上最大的经济体。在此背景下，研究者的心态也必然发生变化。

在国际史学界，近20年中对西方中心主义史观的批判也导致中国经济史和世界经济史研究视角发生变化。过去西方之所以轻视明清中国在世界经济史上的地位，主要原因是中国没有像英国那样通过工业革命进入近代化时代。然而近年来世界经济史研究的新成果表明：即使是在欧洲，以英国经验为基础的发展模式也是非常特殊的。例如，“原始工业化”（proto-industrialization）学派学者就认为欧洲的早期工业化（即原始工业化）并不能导致近代工业化。因此，因为中国没有发生工业革命就否认近代早期中国在世界经济中的重要地位是不正确的。由于在西方中心主义支配下的中国研究逐渐走入绝境，到了1970年代，以柯文为代表的年轻一代学者对西方中心主义展开了猛烈抨击。到了1990年代末，国际史学界对中国研究中的西方中心主义的批判取得了重大进展。这种进展的一个特点，即认为应把中国作为世界的一个重要部分，客观地进行研究。同时，应把西方中心主义与源于西方的现代社会科学做出区分，因而可以使得我们在真正抛弃西方中心主义的同时，也能充分利用现代社会科学为我们提供的各种经过检验而行之有效的研究方法和手段，帮助我们从新的视角出发，实事求是地看待与研究中国在近代早期世界经济中的地位。

这一切变化，导致了一种新视角的出现。对于中国在近代早期世界经济中的定位的变化，不过是这种新视角的一个体现。

中国社会经济史研究的国际视野*

中国社会经济史研究，第一代以陶希圣、陈登原等先生为代表，第二代以何炳棣、吴承明、傅衣凌等先生为代表。何炳棣先生是中国社会经济史研究的奠基者之一，其成就有目共睹，其学术道路也启人深思。今天这个以“中国社会·经济·观念史”为主题的座谈会，只谈其学，不谈其人，主要目的是请大家共同探讨如何更好地继承和发展前辈学人所开创的道路。

作为引言，我想谈谈中国社会经济史研究的国际视野问题。

一、为何需要国际视野?

中国史学研究要不要走向世界，要不要全球化？这是学界一直在争论的问题。在我看来，“全球化”是一个很含混的概念，需要从不同的层面去理解。在经济层面上比较容易达成共识，即中国应该融入而不是抗拒全球化。但在学术方面，情况就比较复杂，特别是像历史这样在西方被划归为人文或者艺术的学科，以及诸如此类民族特性较强的学科，其全球化的可行性及必要性颇需商榷。但无论如何，即使我们自己承续的依然是乾嘉学派的路子，了解他人（国外）的研究状态也是很有必要的。因此中国史学

* 本文系我在清华大学举行的何炳棣先生九十寿辰庆祝会上的发言，刊于《清华大学学报》，2007（5）；转载于《新华文摘》，2007（22）。

研究应该具有国际视野，这已为大多数学者认同。

就中国社会经济史而言，它与史学研究领域中的其他学科有所不同：中国社会经济史（特别是经济史）诞生伊始便是一个国际化的学科。中国原来没有社会经济史，作为一门学科，它是从 20 世纪初开始，陆陆续续经由日本、西欧、苏联等地传入的，所以其学科规范、理论构架、分析方法等，都建立在外来学术的基础之上。虽然 1930 年代至 1950 年代的中国经济史研究主要局限于经济制度研究及初期经济史料的考核等方面，但其研究路径与西方并无二致。1950 年代后期到 1970 年代的作为指导理论的马克思主义唯物史观也同样来自西方。因此，中国经济史研究历来就是全球性的、国际性的。

英国前历史学会会长巴勒克拉夫曾经说过，在所有的社会科学中，对历史学影响最大的是经济学。他还引用戴维斯的话说，到目前为止，经济学是对历史学做出了最大贡献的社会科学。① 基于这样的一种共识，西方的经济史研究也逐渐从对经济制度的考核、经济史料的辨认转向了经济理论指导下的研究。因此，经济史是历史学科中最早社会科学化了的学科。众所周知，无论流派如何纷杂，经济学是没有国界的。以它为基础的经济史研究自然也没有国界——虽然研究对象可以不同，但研究方法却基本相似。

全球性、国际性的学科性质决定了在经济史、社会史研究中国际视野不可或缺，如果硬要闭门造车，学术水平就不可能提高。

二、国际视野下的社会经济史研究发展趋势

从世界范围来看，近期社会经济史研究呈现出三大趋势：

1. 研究对象的变化

从研究的对象内容来看，无论是中国还是西方，早期的经济史研究主

① 参见［英］巴勒克拉夫：《当代史学主要趋势》，75、114 页。

要集中在经济制度方面（当然，这里的经济制度内涵很丰富，与政治制度也有关联），我们可以将其概括为经济制度史研究。1960 年代以后，特别是 1970 年代中期以后，研究对象大大改变，譬如经济成长与发展研究、社会组织研究、人口研究、生态环境研究、大众文化与社会经济关系研究等等，都成为了经济史研究的重要对象。1990 年代以后，研究对象愈发扩展。如今，国外经济史研究早已突破了早期经济制度史研究的狭小范畴，而与政治史、社会史、文化史、思想史、人口史、家庭史、妇女史、环境史等密不可分。在西方，依然延续三四十年代的方式做经济史研究的学者，已很难找到；在国内，这样的学者也越来越少。

从研究对象的时间来看，西方过去的经济史研究主要集中于工业革命时期，对中国经济史的研究也主要集中于先秦两汉等较早时期，譬如对周礼、均田制、两税法等经济制度史的研究。到了后来，研究对象的时间逐渐后移，近代早期（即明清时期）成为重点研究时段。

从研究对象的空间来看，呈现出缩小与扩张的两极态势。无论西方还是中国，过去的经济史研究都把中国看做一个整体。但 1980 年代以来，情况发生了重大变化：研究的空间单位越来越小。我连续参加了几届代表西方主流史学研究思潮的国际经济史学大会，每届都有上千人参加，大约 120 场的研讨会，但几乎没有人讲中国如何如何这样宏阔的议题，而是谈很具体的问题。这种经济史学研究方法上的改变无疑是对社会学研究方法的借鉴。与此同时，政治区划、地域分割被进一步打破，譬如一些学者提出的东南亚经济圈等等。缩小和扩张，二者相辅相成，使经济史研究实现了将中国作为一个最大的地域共同体的整体性认知的超越。

从研究对象的社会身份来看，体现出自上而下的平民化特征。过去关注的都是上层政策的制定者、杰出人物在经济生活中的地位等等，现在逐渐将目光投向农民、工匠等普通人。在国际经济史学大会上，大家讨论的都是诸如中世纪德国某个小镇上的妇女在其社区里的经济角色、家庭劳动等议题。

2. 史学观与方法的变化

到目前为止，中国历史（包括经济史）研究中争论最大的问题是“西方中心论”的问题。这个争论的细节，在此我不想详述。我想说的是一些与“西方中心论”针锋相对的观点，譬如柯文提出的“中国中心论”，在学理上是否站得住脚？事实上，西方也好，中国也罢，作为世界的一部分都是有局限的，无论以何种“中心论”来看待中国这个研究对象，都不可能客观。从这个意义上来说，“中心论”本身就值得反思。

那么我们该如何对待西方社会科学所创造的这套话语系统、分析结构呢？有的学者，比如黄宗智，主张破除一切西方话语系统，建立中国自己的话语系统、概念系统、分析系统（他将其称为“范式”）。但随之而来的批评便是：这能做得到吗？在国际化的当下，我们能否将西方社会科学系统中的“西方中心论”成分剔除掉，而只保留它的研究方法？诸如此类的争论一直在持续。

早期的经济史研究，用的基本上是历史学的方法，譬如考证、实证等；20 世纪中期开始从宏大的历史哲学、历史规律的角度来研究历史，这其中也包括马克思主义史学研究。20 世纪后期以来，随着研究主题的扩大，史学研究中的各种社会科学方法已经密不可分地融为一体。因此在国际经济史学大会上，几乎看不到使用单一研究方法的成果。方法的增加，使经济史研究的变化成为可能。最近两年的国际经济史学大会的一个焦点问题就是生活水平问题。从今天的经济学的角度来看，生活水平是衡量一个地区经济发展水平的最重要的标准。虽然经济史研究的对象依然是收入、分配、消费等，但是研究的范畴受到了社会学的深刻影响，已深入到某个社团、某个郊区的生活水平。如果将不同历史学家用此类相似方法做出的研究成果放在一起进行比较的话，便有了跨地区、跨国、跨大洲的研究，得出的结果也更有意义。过去何炳棣先生笼统地提出 18 世纪中国的生活水平比法国要好的说法[1]，但是这个说法第一缺少证据，没有量化分析；其次缺少标准，所依据材料的样本是否充分、是否采用了第一手档案都不可知。至于细致到对某个小社区的内部关系作出很明晰的解释，何炳棣、谢和耐等老一辈学者都还做不到。这也体现了经济史研究的重大进展。研究方法的多元化使纯粹的经济史研究不复存在，它更多地呈现为经济史、社会史、观念史、生态史、文化史等各方面的糅合样态。

3. 研究的国际化

过去我们常说在历史研究中，有日本风格、中国风格、苏联风格、美国风格、欧洲风格等等，但今天好像越来越趋同了。有人说全球化就是美国化，我觉得也不尽然。当然，从语言方面来说，英语是最强势的。得益于英语的主导地位，美国的所作所为，特别是它的学术成果往往格外受到重视。还有些国家尚未摆脱殖民地心态，认为用英文发表的文章才算一流的，用本国文字发表的文章是二流的，这是一个很严重的偏向。不过，从另一方面来说，研究的国际化趋势也是不可阻挡的，一个好的研究者恐怕很少有不留意国外同行正在说什么、做什么的时候。

基于上述关于经济史研究趋势的三大判断，我们应该具有国际视野。

三、结语

今天国内的经济史学研究，较之 1950 年代是大大衰落了。过去作为"五朵金花"中的重头学科，经济史研究曾经对政治史、文化史、思想史研究乃至国家政策的制定等，都产生过深远影响，但现在的作用似乎越来越小了。我认为这是件好事，这意味着经济史学与其他学科联系得更紧密了。在老一辈学者譬如何炳棣先生的学术研究道路上，经济史—社会史—观念

---

① 何炳棣认为：清代前中期（特别是 18 世纪）中国农民，比起路易十四和路易十六时代法国农民、19 世纪前期普鲁士农民，都生活得更好。这一时期中国人民的生活条件，也优于幕府时代的日本生活条件（见 Ping-ti Ho，*Studies on the Population of China，1368—1953*，p. 194）。

史的演进轨迹也依稀可辨。何先生晚年的代表著作是《〈孙子兵法〉考》和《〈老子〉考》，这是思想史方面的成果。很多西方学者也是如此。譬如孔飞力先生是著名的经济史学家，他新近的一部书《叫魂：1768 年中国妖术大恐慌》是关于观念史的。另一方面，也有许多其他领域的学者进入到经济史的研究领域中。参加国际经济史学大会的经济学家人数比历史学家多得多，其中不乏一流的经济学家。他们在经济学领域取得成功之后，希望能在历史中得到印证，于是转向经济史研究。需要指出的是，这些人往往反对用经济学的方法研究经济史，而是希望看到不同的东西。①

包括经济学家在内的其他领域的学者进入到经济史研究，使得经济史的研究队伍越来越壮大。这也导致了经济史研究的变化：一方面，经济史研究中固有的旧模式逐步消除；另一方面，经济史学与其他学科的融合也得以逐步加强，由是，历史研究的终极目标——全方位地看待历史——才能实现。

---

① 索洛（Robert Solow）曾经批评某些西方经济史学者过分尾随经济学说：当代经济学脱离历史和实际，埋头制造模型；而当代经济史也像经济学那样，“同样讲整合，同样讲回归，同样用时间变量代替思考”，而不是从社会制度、文化习俗和心态上给经济学提供更广阔的视野。因此“经济学没有从经济史那里学到什么，经济史从经济学那里得到的和被经济学损害的一样多”。他呼吁经济史学家可以利用经济学家提供的工具，但不要回敬经济学家“同样的一碗粥”。见 Robert Solow，“Economic History and Economics.”

全球史视野中的清代中国经济[*]

全球史研究的兴起，是近年来国际学坛上的一件大事，昭示着历史学发展过程中一个新时代的开始。仲伟民教授的这本新著，就是我国学坛对这个大事件作出的最新回应之一。

依照当今国际学坛中全球史研究的领军人物奥布雷恩（Patrick K. O'Brien）教授的总结，全球史这个学科可以远溯到希罗多德。希氏开创的探究全球物质文明进步的传统，一直延续了下来。到了启蒙时代，商品和知识越来越多地从亚洲、非洲以及大航海时代以后的美洲传入欧洲，使得学者们能够对欧洲和欧洲以外地区之间的经济进行系统的比较分析。孟德斯鸠、伏尔泰、休谟、杜尔哥（Anne Robert Jacques Turgot）、罗伯特森（William Robertson）等学者都从不同方面对此进行了思考；而亚当·斯密更是如此，其《国富论》既是古典经济学开始的标志，也开辟了经济史的国际比较之路。但是可惜的是，以往西方主流学界对长期经济变化展开的探究，一直局限于欧洲，对欧洲之外地区的长期经济变化，很少有人去研究。直到近年来，方有一批学者在此方面进行了大量努力，使得全球史成为当今国际史学的一大亮点。兰德斯（David Landes）的《国富国穷》（*The Wealth and Poverty of Nations*）和彭慕兰（Kenneth Pomeranz）的

* 本文系为仲伟民《茶叶与鸦片：十九世纪经济全球化中的中国》（北京，三联书店，2010）一书所作的序，又刊于《全球史评论》，第3辑，2010。

《大分流：中国、欧洲与近代世界经济的形成》（*The Great Divergence*：*China*，*Europe and the Making of the Modern World Economy*）两书引起的争议，使得各国学界对全球史的兴趣更为浓厚。

目前全球史研究的重心在经济史方面。2003 年 9 月，49 位来自不同国家、不同学科的著名经济史学家倡议，建立了以伦敦政治经济学院（London School of Economics and Political Science）、加利福尼亚大学尔湾校区（University of California-Irvine）和洛杉矶校区（University of California Los Angeles）、莱顿大学（Leiden University）和大阪大学为骨干的"全球经济史网络"（Global Economic History Network，简称 GEHN）。华威大学（University of Warwick）也建立了以伯格（Maxine Berg）教授为带头人的全球史研究中心。稍后，设立在伦敦经济学院的 *Journal of Global History* 于 2006 年创刊，成为国际全球史学科研究成果发表的重要园地。近年来，关于全球史研究的专著不断推出。仅只是 2009 年一年，就有 Robert C. Allen 的 *The British Industrial Revolution in Global Perspective*、Jan Luiten van Zanden 的 *The Long Road to the Industrial Revolution*：*the European Economy in a Global Perspective*，*1000—1800*、Giorgio Riello 与 Prasannan Parthasarathi 主编的 *The Spinning World*：*A Global History of Cotton Textiles*，*1200—1850* 等重要著作面世。这些，都显示出全球史研究日益兴盛，成为国际史学界（特别是经济史学界）的一股重要潮流。

这种"全球史"与我国现有的"世界史"有明显的差别，因为全球史的基本立场是：第一，摒弃以往世界史研究中那种以国家为单位的传统思维模式，基本叙事单位应该是相互具有依存关系的若干社会所形成的网络；第二，在世界历史发展的任何一个阶段，都不能以某个国家的发展代表全球发展的整体趋势，全球发展的整体趋势只体现在真正普适于所有社会的三大过程（即人口增长、技术的进步与传播、不同社会之间日益增长的交流）之中；第三，在上述三大过程中，最重要的是"不同社会之间日益增长的交流"；第四，从学术发生学的角度彻底颠覆"欧洲中心论"，认为所谓“欧洲兴起”只是人类历史长河中一个特定时期的特定产物，从中挖掘“普适性”的“文化特质”只能是制造神话；第五，在考察一个有若干社会参与其中的历史事件的原因时，要充分考虑其发生的偶然性和特定条件性。①值得强调的是，全球史重视比较研究，但是这种比较必须建立在相互影响的基础上，并认为这些影响以一种对话的方式，把比较对象进行新的整合或者综合为一种单一的分析构架。② 这种主张，对于正确评价包括中国在内的非西方国家在世界历史发展中的位置，具有非常积极的作用。

在我国，学者们对全球史的兴趣也日益浓厚。但是平心而论，我国的全球史研究目前尚处于起步阶段，真正有分量的研究成果尚不多。摆脱了传统的“世界史”编纂方式的旧套、突破中国史与外国史藩篱的成果为数尚不多，而本书就是其中最重要者之一。

按照西方学界普遍的看法，中国自 16 世纪末或 17 世纪初就已不可避免地卷入了全球化的潮流。③ 但是，中国是如何进入经济全球化的？传统的说法是鸦片战争前的中国是一个“木乃伊式的国家”④，到了鸦片战争后，才被西方强制进入全球化进程。然而，近年来的研究表明，在鸦片战

---

① 参见刘新成：《全球史观与近代早期世界史编纂》，载《世界历史》，2006（1）。

② Giorgio Riello & Prasannan Parthasarathi eds.，*The Spinning World*：*A Global History of Cotton Textiles*，*1200—1850*，p. 11.

③ 用史景迁（Jonathan Spence）的话来说，就是：“从 1600 年以后，中国作为一个国家的命运，就和其他国家交织在一起了，不得不和其他国家一道去搜寻稀有资源，交换货物，扩大知识。”见 Jonathan Spence，*The Search for Modern China*，第一版序。

④ 这种“木乃伊”论源于黑格尔。尔后，赫尔德（Johann Gettfried Herder）从种族、地理环境、文化教育、政治制度、道德思想等方面分析了中国文明的全面停滞，得出一个如下形象化的结论：“这个帝国是一具木乃伊，它周身涂有防腐香料、描画有象形文字，并且以丝绸包裹起来；它体内血液循环已经停止，就如冬眠的动物一般”（夏瑞春：《德国思想家论中国》，97 页，南京，江苏人民出版社，1995）。马克思继承了这种观点，说：“与外界完全隔绝曾是保存旧中国的首要条件，而当这种隔绝状态通过英国而为暴力所打破的时候，接踵而来的必然是解体的过程，正如小心保存在密闭棺材里的木乃伊一接触新鲜空气便必然要解体一样”（马克思：《中国革命和欧洲革命》，见《马克思恩格斯选集》，2 版，第 1 卷，692 页，北京，人民出版社，1995）。黑格尔、赫尔德和马克思的这种看法，对后代有巨大的影响。艾蒂安·巴拉兹说：“要批驳黑格尔关于中国处于停滞不变状态的观点很容易……然而，黑格尔是对的”（引自［法］阿兰·佩雷菲特：《停滞的帝国——两个世界的撞击》，扉页，北京，三联书店，2007）。

争以前很久，中国经济就已深深地卷入了经济全球化，并在其中扮演着非常重要的角色。① 因此，从新的视野来研究早期全球化中的中国，不仅是当前国际经济史研究中最重要的内容之一，而且也是全球史的重点研究课题之一。本书选择了这个非常重要而且难度甚大的题目进行研究，是非常具有挑战性的，由此亦可见作者在学术上的胆略与功力。

在18世纪以来的全球化过程中，成瘾性消费品的作用十分突出。在某种程度上可以说是这些成瘾性消费品将全世界连接在一起，并由此导致了世界各地出现分化，成为西欧与其他地区的“大分流”的原因和后果之一。本书以成瘾性消费品中最重要的两种——鸦片和茶叶——为切入点，将19世纪的中国纳入全球化视野进行讨论，指出正是茶叶和鸦片这两种主要商品成为中国进入全球化的主要的商品。

本书作者在翔实的史料基础上，研究了19世纪茶叶和鸦片贸易的盛衰变化，然后对茶叶经济和鸦片经济作了对比，指出二者对中国社会经济所产生的重要影响，揭示19世纪中国危机的内涵，对19世纪中国社会的特点进行独到的分析。在此基础上，作者指出：在此阶段的全球化过程中，中国贡献给西方的是被麦克法兰（Alan Macfarlane）教授称为“绿色黄金”的茶叶②，促成了西方的“勤勉革命”；然而西方却回报以被称为“比奴隶贸易还要残酷”的鸦片贸易。③ 中国人民深受鸦片毒害，成为19世纪以西

① 弗兰克（Andre Gunder Frank）指出：在1800年以前，中国在世界市场上具有异乎寻常的巨大的和不断增长的生产能力、技术、生产效率、竞争力和出口能力，这是世界其他地区都望尘莫及的。中国享有巨大的出口顺差，以致把当时世界主要“硬通货”白银的一半吸引到中国。参见Andre Gunder Frank，*ReOrient*：*Global Economy in the Asian Age*。

② Alan Macfarlane & Iris Macfarlane，*Green Gold*：*The Empire of Tea—The Remarkable History of the Plant That Took Over the World*.

③ 马克思引用了英国人蒙哥马利·马丁的一段话：“同鸦片贸易比较起来，奴隶贸易是仁慈的；我们没有摧残非洲人的肉体，因为我们的直接利益要求保持他们的生命；我们没有败坏他们的品格，没有腐蚀他们的思想，没有扼杀他们的灵魂。可是鸦片贩子在腐蚀、败坏和毁灭了不幸的罪人的精神世界以后，还折磨他们的肉体；贪得无厌的摩洛赫时时刻刻都要求给自己贡献更多的牺牲品，而充当凶手的英国人和吸毒自杀的中国人彼此竞争着向摩洛赫的祭台上贡献牺牲品。”（《马克思恩格斯全集》，中文1版，第12卷，584～585页，北京，人民出版社，1962）

方为主导的经济全球化的牺牲品。因此，19 世纪的全球化绝非一些西方中心论者所讴歌的理想天地。对于大多数非西方国家来说，这是一柄双刃剑。作者的这个观点，对于我们正确认识经济全球化这个历史过程，具有重要的意义。

本书在研究方法方面颇有特色。作者在讨论中国在 19 世纪全球化过程中的地位和处境时，运用了全球化理论；在分析中西贸易在 19 世纪中国社会转型中的作用时，运用了市场理论；在探讨中西方发展道路的不同时，运用了成瘾性消费品理论，并对这种理论与近代社会成长的关系进行了进一步的分析。这种运用多种社会科学理论来研究经济史的做法，在我国大陆经济史学界尚不多见。

本书材料基础扎实，有丰富的统计数据。作者还充分利用了中外学界多年来的研究成果，取精用宏，在此基础上提出了自己的观点。

此外，本书在诸多具体问题的研究上均有创新，例如对茶叶贸易和鸦片贸易进行对比，对茶叶消费和鸦片消费进行对比，从贸易角度对中英进行对比，等等。读者可以在阅读中自己体会，这里就不一一胪列了。

伟民从事中国史研究和史学理论研究多年，用功甚勤，成果甚丰。他对国际史坛的动向有很好的了解，同时又具有颇为深厚的史学功底，因此能够在茶叶贸易与鸦片贸易这两个前人研究很多的领域中提出新见，取得值得瞩目的成果。我相信读者将能从这本书中得到启发，受到鼓舞，也希望有更多的学者加入全球史研究的阵营，大家一同努力，使这个新兴的学科在我国有大发展，而促使我国史学更深地进入国际学术主流，成为国际主流学术的重要组成部分。

面对新潮：中国经济史学的应对之道

中国经济史应当怎么研究*

几年前，我在一篇文章中指出：经济史在我国史学中一向占有一种“一家独大”的特殊地位。“文化大革命”前，全国史学界曾就五个重大问题展开过持久而热烈的讨论，其中就有四个属于经济史研究领域（或者与经济史研究有密切关系）。[①]“文革”以后的几次全国性的史学大讨论[②]，也属中国经济史的范畴。但是在进入1990年代后，这个学科面临着日益严重的危机。导致危机的真正原因是方法论方面的问题，而唯一的克服危机的办法是不断地改进方法。[③] 国际经济史学近年来在应对“史学危机”方面所作过的探索和所获得的经验，无疑对我们具有重要的意义。[④] 近来李丹（Daniel Little）教授对于海外（主要是美国）的中国经济史研究近况作了一个总结。[⑤]

---

* 本文刊于《中国经济史研究》，2006（2）。

① 这五个重大问题是：中国古代史分期、封建土地所有制形式、农民战争、资本主义萌芽和汉民族形成。除了最后一个，都属于经济史研究领域。

② 如“中国封建社会长期延续”问题讨论、“中国近代化道路”问题讨论等。

③④ 参见李伯重：《“融入世界”：新世纪我国中国经济史学的发展趋势》，见吴焯：《清华人文社会科学专家谈21世纪的中国与世界》。

⑤ 李丹教授是美国著名哲学家，密执安大学迪尔本分校校长。他研究领域十分广泛，主要集中于社会哲学、经济哲学、政治哲学、历史哲学、科学哲学、当代道德理论以及亚洲研究（特别是中国研究）。他的两部重要著作 *Understanding Peasant China: Case Studies in the Philosophy of Social Science* 和 *Microfoundations, Method, and Causation: On the Philosophy of the Social Sciences*，正在由清华大学刘北成教授主持译为中文。在其新近完成的“Epistemological Issues in Economic History”（《经济史研究中的认识论问题》）一文中，他对研究中的几个重要问题作了很好的总结。

这个总结，对于我们了解国外同行的哪些方法值得借鉴颇有帮助。在此，我即从该总结的一些重要内容出发，就“经济史应当怎么研究”的问题，谈一些自己的体会。

一、什么是经济史与经济史研究什么

经济史应当怎么研究，首先取决于这个学科的研究对象。因此“经济史研究什么”的问题，实际上也是“什么是经济史”的问题。

“什么是经济史?”对此向来有不同的解释。在各种说法中，以吴承明和希克斯的解释最为合理。前者认为经济史是“过去的、我们还不认识或认识不清楚的经济实践（如果已经认识清楚就不要去研究了）”①。后者则认为经济史“可以看成是一个单一的过程，即一个具有可以认识其趋势（至少到目前为止）的过程”②。

由这两个定义出发，可以得出如下结论：由于经济史研究的对象是一个可以认识的客观存在（尽管已经过去了），所以经济史研究是一种科学的研究。③ 这种研究的科学性源自社会科学（特别是经济学）。巴勒克拉夫说：“在所有社会科学中，对历史学影响最大的是经济学”。他并引用戴维斯的话，说：“迄今为止，经济学是对历史学唯一作出最大贡献的社会科学”。其主要原因不仅是因为“自从亚当·斯密、李嘉图和马克思时代以来，历史学家已经充分认识到了经济因素在历史变革的形成中的重要性”，而且也是因为“经济学在形成一套完整的理论方面远远走在其他社会科学前面”④。在历史学各学科中，经济史学是最早“社会科学化”的，其主要

---

① 吴承明：《经济学理论与经济史研究》，载《经济研究》，1995（4）。

② John Hicks，*A Theory of Economic History*，p. 7.

③ 怀特说：“无论是把‘历史’（history）仅视为‘过去’（the past），或是视为关于过去的文献记载，还是经过专业史学家考订过的关于过去的历史，都不存在用一种所谓的特别的‘历史’方法去研究‘历史’”。见 Hayden White，“New Historicism：A Comment”。

④ ［英］巴勒克拉夫：《当代史学主要趋势》，75、114 页。

原因就在于经济史使用了经济学所提供的方法。

但是经济史学不仅包括对过去的经济实践进行研究，而且也包括对这种经济实践进行描述，因为将过去的经济实践清楚地描绘出来并展示给世人是经济史学的主要任务之一。从学科特点来说，现象描述是传统的史学的一个主要特点和优点，传统的史学也因此被视为“艺术”而非“科学”。经济史学兼具研究和描述的功能，因此可以说是一个跨学科的学术领域，或者说是一个社会科学化了的人文学科。

因此如何把研究和描述这两者很好结合起来，是经济史学家要解决的问题。而要解决这个问题，就必须对“经济史研究什么”进行更加全面的界定。在这个问题上，李丹对经济史作了很有意义的解释。他说经济史，乃是“以证据为基础，经济史学家对一个确定的时空范围内的经济的主要特征进行描述。这些特征包括：该经济所生产的工农业产品的种类、数量与质量，用以进行生产与分配的技术与制度，人口的规模及人口所享有的物质福利，等等”。应当说，这个说法是比较全面的。

二、经济史研究的主要方法

经济史研究需要什么方法，也取决于经济史研究的内部分工。李丹从方法论的角度，指出经济史研究包括以下三个主要部分：

首先，充分搜集、确认各种与经济现象有关的资料（如价格、工资、消费水平等），以此作为基础，来重现过去的经济事实和经济行为。

其次，辨认那些明显的经济方式（不论这些方式是否发生了变化）。

再次，对这些方式进行解释。

由于经济史研究包括上述三个主要部分，而每个部分的研究方法都有所不同，因此我们不能简单地把适用于其中某个部分的方法夸大为整个经济史研究的主要方法，而应当根据不同的研究，什么方法合适，就使用什么方法。在这里，我们特别要警惕那种在经济史研究中盲目迷信经济学方法的倾向。

经济史既然以经济学方法为基本研究方法之一，因此这种方法自身存在的问题也会对经济史研究产生重大影响。

尽管经济学被哲学家称为“对存在的持续的哲学论证的最精致的建构之一”，但是自身的问题也不少。王国斌指出：自19世纪后期起，经济学的主题变得越来越狭隘；而到最近30年中，更是日益变成一些用正规数学语言表述的专题。对于一些经济学家来说，经济学近来已达到了危机点。① 这种情况对经济史的研究带来了重大的影响。索洛说：当代经济学脱离历史和实际，埋头制造模型；而当代经济史也像经济学那样，“同样讲整合，同样讲回归，同样用时间变量代替思考”，而不是从社会制度、文化习俗和心态上给经济学提供更广阔的视野。因此“经济学没有从经济史那里学到什么，经济史从经济学那里得到的和被经济学损害的一样多”。他呼吁经济史学家可以利用经济学家提供的工具，但不要回敬经济学家“同样的一碗粥”②。

吴承明先生早已指出：“就方法论而言，有新、老学派之分，但很难说有高下、优劣之别”，“新方法有新的功能，以至开辟新的研究领域；但就历史研究而言，我不认为有什么方法是太老了，必须放弃”，“我以为，在方法论上不应抱有倾向性，而是根据所论问题的需要和资料等条件的可能，作出选择”③。从李丹对经济史的主要内容作出的区分来看，吴先生的这个看法是非常正确的，我认为这就是我们研究经济史应采取的正确态度。

三、经济史研究与社会理论

要对经济方式进行解释，必然要从各种社会理论中获取理论资源。这

① ［美］王国斌：《转变的中国：历史变迁与欧洲经验的局限》，上编小序。

② Robert Solow，“Economic History and Economics”.

③ 吴承明：《中国经济史研究的方法论问题》，载《中国经济史研究》，1992（1）。

些社会理论即是关于普遍的社会机制的理论，解释在一定条件下人类有目的的行为的过程与方式。由于运用不同的社会理论，对同一问题的看法往往出现分歧。李丹指出：在中国经济史研究中，可以看到在许多问题上，学者之间的看法往往截然相反。例如：

- 不受控制的人口增长，导致土地和其他资源所不能承受的压力
- 竞争与市场机制，导致先进技术的传播、移民和贸易的扩展
- 农户或者经营地主的经济积极性，导致他们调整技术、投入和发明，以达到生产中劳动和资本的最佳配置，从而使其受益与保障最大化
- 社会财产制度把非常不平等的权力、资源和收入分配给不同的人（农民、手工业者、地主、商人或者官员），导致在不同环境中的不同的经济策略
- 在廉价获得资源与劳动的形式方面，殖民主义与中华帝国所导致的经济后果
- 矿物与能源资源在地理分布上的偶然性
- 自然环境变化的内在与外在的过程
- 战争与军事化
- 影响经济行为的文化因素

我认为：学界之所以在对同一问题的看法上有重大的分歧，源于各位学者所运用的社会理论不同以及他们对有关理论理解不同。一般而言，现在所用的主要社会理论大多出现于19世纪，而如王国斌所指出的那样，19世纪的社会理论在许多方面已不再可信。在我们修正社会理论时，如何解释历史与文化，对于许多学者来说，是一个长期的挑战。[①] 因此，我们在使用已有的社会理论对中国经济史进行解释时，必须高度关注学界对这些理论的研究的最新进展。否则，我们就有可能为那些理论中已经被证明是

---

① 参见［美］王国斌：《转变的中国：历史变迁与欧洲经验的局限》，上编小序。

错误或者不完善的部分所误导。[①] 巴勒克拉夫曾尖锐地指出："当前在历史学家当中的一个基本趋势是保守主义"，大多数历史学家在工作中"完全沿袭传统"，"只满足于依靠继承下来的资本，继续使用陈旧的机器"[②]。虽然他说的是整个史学，但是中国经济史学的情况也并不例外。[③] 因此，随时注意理论的变化，是我们改进经济史研究的重要方面。

四、经济史学与其他学科

我在另外一篇文章中对经济史学所使用的主要方法进行了讨论，指出除了历史学和经济学的两大基本方法外，经济史研究还应当从其他学科（如政治学、社会学、社会心理学、人口学、社会地理学、经济地理学等）借用方法。[④] 对此，李丹也提出了很好的看法。

李丹强调：各种经济表现是一定的自然环境与制度环境下的人类行为的产物，但人类行为却不能死板地分割为"经济"、"文化"与"社会"行为，因为行为后果受到所有这些因素影响。因此从某种意义上来说，经济史学家应当也是经济学家、社会史学家、社会学家或者人类学家。他具体地指出，在上面提到的分歧中所涉及的人口、市场、积极性、财产制度、国家体制、帝国主义、矿物与能源资源、自然环境、战争与军事化、文化等，都是与经济有关的重要因素，它们对中国经济史可能有、也可能没有因果性的重要影响，但它们每一个都是一种可能的因果机制，成为导致经

---

① 一些学者声称拒绝理论，但是实际上他们依然不自觉地采用了某种理论。刘东指出："学术界的现状教训了我们：哪怕再粗陋、再空虚的理论，也只能以更精深、更博大的理论去取代，而万不可代之以对理论思维的厌恶，否则就将受制于最没有根底的最坏的理论"。（参见刘东：《理论与心智》，南京，江苏人民出版社，2001）

② ［英］巴勒克拉夫：《当代史学主要趋势》，327、330～332页。

③ 吴承明已经明确指出，我国经济史学家在方法论上比较保守。参见吴承明：《中国经济史研究的方法论问题》，载《中国经济史研究》，1992（1）。

④ 参见李伯重：《历史上的经济革命与经济史的研究方法》，载《中国社会科学》，2001（6）。

济变化或停滞的一个因素。因此，我们不应当采用一种简单化的思维方式，把对这些的研究孤立起来，并过分强调某个因素的作用。相反，我们应当尽可能全面地看问题，把各种因素考虑进去，从而看到彼此之间的关联。由于研究不同因素往往需要不同的方法，因此我们要避免研究方法的单一化。

五、经济史研究与比较研究

近年来经济史研究的一个重要进展，出现在比较研究方面。谁都知道，有比较，才能看出特点。要真正认识中国历史发展的特点，总是离不开与其他国家的历史发展特点进行比较。无论在海内外，学者们对中国经济、政治和社会的历史变化的认识，一直都以西欧经验作为参照（或者说是依照西欧的历史变化规律来观察中国的有关变化），由此意义上来说都是比较研究。因此比较史学并非一门新近才出现的新兴学问。但是直到近年来，中国经济史研究中的中西比较才被置于一个更为科学的基础之上，同时在比较的内容上也更为全面和深入。关于这一点，我已有专文讨论，兹不赘述。① 这里我想就李丹对现今中国经济史研究中的中西比较所存在的主要问题作的简要总结，发表一些看法。

首先，要进行中西比较，必须从经济史文献中获得关于比较对象双方的不同层次的事实证据，包括关于全国性的经济表现，地区性的或者职业性的生活水平，以及贸易、运输、单位投入的水平等方面的事实证据。但是这些事实依据自己不会说话，因此需要经济史学家努力发现其真实意思。而为了进行比较，特别要重视衡量标准的问题，只有使用合适的标准去整理事实证据，才能把这些证据变成可用的资料，而可用的资料又是比较的基础。因此倘若没有合理的标准，我们所作的比较可能就没有意义。

---

① 参见李伯重：《“相看两不厌”：王国斌〈转变的中国——历史变迁及欧洲经验的局限〉评介》，载《史学理论》，2002（2）。

其次，在中西两方的国家政策、赋税、产权、劳动等方面，过去的研究已提供了大量的制度研究的细节。这些细节可以在从地方—区域—全国（欧洲的国家）—甚至更高（如中国和西欧各作为一个整体）的各级层次上集中起来，使得经济史学家可以选择合适的层次进行研究。经济史学家应当根据自己的能力和条件以及所关注的问题，进行相关的研究，而不应一窝蜂地去做自己力所不能及的研究。其实，正常的研究应当是从下面的层级开始，然后向上，而非相反。在过去，许多学者习惯于做大题目，动辄就谈中国与欧洲相比，情况如何如何。而近年来，许多学者矫枉过正，又走到另外一个极端，即只着眼于小地域的研究，而不谈比较。这两种偏向都是有问题的，正确的方法应当是上面说的那样，根据自己的能力和条件以及所关注的问题，选择适当的层级，进行比较研究。只有这样的研究，才是真正有意义和有价值的。

总之，认识过去的经济实践是一个过程，我们在此过程的某个阶段上的认识不可能达到完美无缺。随着认识方法的改进，我们总会发现过去的认识有缺陷。巴勒克拉夫说："历史学已经到了转折时期这个事实并不意味着它必定会沿着正确的方向前进，也不一定意味着它有能力抵制住诱惑，避免陷入歧途"；但最大的问题在于"当前在历史学家当中的一个基本趋势是保守主义"①。我国的经济史学家只有敞开胸怀，努力改进研究方法，使得我们对过去经济实践的认识尽可能地接近真实，中国经济史研究才能在上述挑战面前立于不败之地。②

---

① ［英］巴勒克拉夫：《当代史学主要趋势》，330页。

② 参见李伯重：《历史上的经济革命与经济史的研究方法》，载《中国社会科学》，2001（6）。

史学与变化：重新认识历史上的江南农业经济及其变化*

我国具有优秀的史学传统，但是传统史学也有自身的缺陷。到了西学东渐之后，面对着近代西方史学的挑战，这些缺陷日益暴露了出来。一百年前，梁启超在其《新史学》① 一文中，最早对这些缺陷进行了全面分析，并号召创立一种新史学。从梁氏的诠释中，我们可以看到这种新史学与传统史学的主要差别，在于前者实际上是以近代西方史学为蓝本设计的。近代西方史学的一个重要发展趋势是日益社会科学化（亦即越来越依靠社会科学所提供的理论和方法研究历史），因此梁氏在《新史学》一文中大力鼓吹史学研究应当建立在一定的理论基础之上（在该文中，这个理论即为进化论），要探讨规律和规则（即"求得其公理公例"），要从社会科学各学科乃至自然科学有关学科中汲取方法（"取诸学之公理公例而参伍钩距之，虽未尽适用，而所得又必多矣"）。梁氏的这个号召体现了时代的要求，从而开启了中国史学的新时代。

史学的社会科学化，使史学得以利用社会科学的理论方法进行研究，从而极大地改变了史学本身。但是这也意味着：一旦社会科学中的主要理

---

* 本文收于杨念群等主编：《新史学：多学科对话的图景》，北京，中国人民大学出版社，2003。

① 该文收于梁氏《饮冰室文集》(吴松等点校)，第3集。

论和方法发生变化，那么史学也难以不受影响。而随着社会的变化，社会科学的理论和方法也总是处于不断的变化之中。因此史学倘若不随着社会科学的理论和方法而变化，就难免陷入僵化的结局。而僵化的结果就是史学的衰亡，诚如年鉴学派第三代领导人之一勒高夫所说："我们希望继续存在和发展。静止等于死亡"①。

20世纪是一个社会科学发生巨大变革的时代。这个剧变对于史学产生了空前的冲击，从而导致了全球性的"史学危机"。这个危机开始于1960年代，到20世纪末达到高潮，现在仍在发展。这个危机的矛头主要针对的是构成以往史学研究基础的理论与方法。因此国际性的史学危机，从根本上来说就是史学理论和方法的危机。要摆脱危机，就必须不断地改进史学的理论和方法。换言之，必须全面检讨原有理论和方法，扬弃其中已经被证明不合理的部分，从其他学科的理论和方法中汲取有用的成分，不断探索新的理论和方法。出于这样的原因，在20世纪最后一二十年中，国际史学界出现了一个检讨与探索理论与方法的浪潮。这正是历史学力图克服危机、争取生存和发展的表现。

在国际中国经济史研究中，自20世纪中期以来，理论和方法一直不断变化。但是直到1980年代，许多学者在中国经济史研究中，都把从西方经验中获得的发展模式当作不容置疑的真理，有意无意地将其强加于中国实际。然而，这些模式近来正在受到猛烈的批评，并在许多方面已被证明是谬误。一些激进的学者更明确声称：如果要改进对中国经济史的认识的话，就必须摆脱一切从西方经验中得到的原理、分析概念乃至认识规范。由于对现在使用的理论和方法感到惶惑，中国经济史学界出现了一股怀疑主义的思潮。一些学者甚至主张中国经济史研究应当回到以考证为主的旧日汉学去。

---

① 转引自姚蒙：《历史始终是人类社会在时间中的演进——法国著名史家维克·勒高夫采访纪实》，载《史学理论》，1987（3）。

今天中国经济史学出现的这种危机，并非一种孤立的现象，而是过去几十年中历史学遭受的全球性理论危机的一个反映。对于如何对付这个危机，现在学者们在许多方面尚未达成共识。但是有一点已经很清楚：如果要使中国经济史学“转危为安”的话，我们必须正视这个危机，而不能回避之。

在本文中，我将重点讨论明清江南农业经济的变化。江南即长江三角洲，自公元9世纪以来一直是中国经济最先进的地区，并且在中国今日的经济发展中扮演着火车头的角色。而本文中所说的明清时期，始于16世纪中叶，终于19世纪中叶，也被称为中国的“近代早期”。

一、“脱离常轨”——江南农业经济变化的一贯特点

在过去的20年中，江南的农村发生了翻天覆地的变化。在此方面，无锡县可以说是一个代表。① 虽然该县很早就被认为是中国较富裕的县份之一，但在1980年代以前，它一直是一个以农业为主的县，农村人口占了全县人口的绝大部分。直到1983年我第一次到该县调查时，农村仍然相当贫穷。许多人家还住在土坯和稻草建成的老房子里，新建住宅的式样和内部设施也很差。很少人家有彩色电视机，没有私人电话，没有自来水，自行车是主要的交通工具……然而自1979年开始，该县农村经济的发展步伐逐渐加快。在1980—1994年间，该县的国民生产总值年增长率高达20%以上。到1994年，全县人均国民生产总值达到15 000元②，比全国平均数字

---

① 这里所说的无锡县，指的是原无锡市下辖的无锡县。本文中关于无锡县的情况，均见于何正明：《在中国农史学会第七次学术年会暨吴地农业文化历史讨论会上的讲话》；何正明、吴耀良与许谷秀：《无锡县村办农场迅速发展的动因与启迪》；无锡县经济开发区管理委员会：《江苏省无锡县经济开发区介绍》；张永初：《我国社会主义农业的发展方向——无锡县胜丰村农业规模经营的探索与实践》。以上文章均系提交“中国农史学会第七次学术年会暨吴地农业文化历史讨论会”的文章（无锡，1994）。

② 按照当时汇率大约为1 785美元。按照实际购买力可能更高。

高出3倍以上。而这一高速成长的主要动力又是来自农村。到1993年，农村工业产值已占到该县工农业总产值的85%，而且绝大部分农村劳动力都在农村工业中工作，因此可以说该县农村已经工业化。但是这个工业化并未以牺牲农业为代价。到1994年，该县农业生产已基本实现机械化，劳动生产率大大提高。在一些村子，从事农业的劳动力每人每年平均生产粮食超过11吨，劳动收入大大超过农村工业中的工人。由于经济的高速成长，农村居民的收入也随之大大增加。① 农村居民的生活水平也因此而有了巨大的提高，几乎全都搬进了式样美观、内部设施完备的新住宅，彩色电视机、自来水、洗衣机早已普及，电话、录像机、煤气、摩托车等也正在迅速普及之中；甚至大多数中国城市家庭不敢想象的高级奢侈品——小汽车，也正在进入这里农村居民的家庭。

江南大多数农村的情况，与无锡县大体一样，只是在程度上不同而已。因此我们可以说，在过去10多年中，江南农业经济有了巨大的进步，已经初步实现了近代化。

江南农业经济20年来发生巨变的原因何在？人们通常把这一巨大变化归功于1979年的改革。这一改革是对以前30年实行的农村经济政策的否定。这些政策阻碍了江南农业经济的发展，所以改革才引发了巨大的经济进步。然而，不论在1979年以前还是以后，中国领导者在制定农村政策时，主观目的都是尽快地实现农业经济的近代化②。他们力图使用其所认为最佳的方法来达到这一目的，但是这些方法却有着巨大差别。1979年以前所采取的主要方法，是把家庭农业改造为集体农业，从而实行大规模的经营；取缔农村手工业和商业及限制农家副业，从而使得农民专力于农业，实行农业生产的专业化；等等。而1979年的改革，却恰恰相反。集体农业回复到家庭农业，从而使农业经营方式又从大变小；恢复和发展农村工业、

---

① 到1993年，该县农村人均净收入达到3 000元，按照当时汇率约为357美元。

② 本文中所说的“近代化”，即英文中的modernization，与“现代化”同义。

商业和副业，因而使农民又变成了“亦农亦工”、“亦农亦商”的生产者；等等。

对于今天的大多数中国学者来说，1979 年以前所采取的那些方法，似乎是十分合理的；而 1979 年以后的“回归过去”的方法，反而有些难以理解。原因是前者符合那种公认的农业经济近代化的“正常道路”，而后者则与这种道路难以相容。因此，虽然人们都承认 1979 年的改革的确导致了江南农业经济的迅速发展，但是他们对 1979 年以前和以后政策所体现的农业经济近代化方式及其后果却感到迷惑不解。人们只能说：江南农业经济的变化脱离了近代经济发展的“正常轨道”。

然而，令人迷惑不解的还不仅限于此。江南农业经济变化的“脱离常轨”并不是今天才出现的新情况。如果从一个更长的时间范围来看的话，我们就会发现：在过去的一千年中江南农业经济的变化，也总是“脱离常轨”。

早在公元 9 世纪后期，江南已经出现了一个相当发达的农业经济。我虽然不同意“宋代江南农业革命”论，但是也承认宋代江南农业确实达到了相当高的水准。在农业技术、亩产量、商业化、劳动生产率等主要方面，江南无疑都走在当时世界大多数地区的前面。如果我们只是从 11 世纪至 13 世纪的情况来推测未来的发展，那么肯定会认为：如果说世界有一些地区将有可能出现近代农业革命的话，那么其中最有希望的地区之一应当就是江南。一直到 17 世纪初期，无论用西欧或者其他地区的标准来衡量，江南农业仍然是相当先进的。中国的“资本主义萌芽”学派对 17 世纪中期以前江南农业发展已经取得的成就和所达到的水准予以很高的评价，并且相信它完全可能出现西方式的近代资本主义农业发展。然而一直到 20 世纪中期，这个近代农业革命始终没有出现。学者们将其原因归之于农业技术停滞、人口压力加剧、农民生产经营规模狭小、封建生产关系的束缚以及地主、商人和国家对农民剥削的加强，等等。他们假设：如果消除了这些因素，江南农业仍然可能甚至必然会出现近代发展。然而事实却是：尽管江南的人口压力由于太平天国战争（1853—1864）而大大减轻了，西方的近代农业技术也逐渐传入了江南，但是到1949年为止，江南依然没有出现近代农业革命的征兆。1949年以后，江南农村社会被彻底改组，旧的生产关系随着地主、商人阶级的消灭而不复存在，过去的小规模的家庭农业被改造为大规模的集体农业，近代农业技术也开始被有计划地积极引进和推广。然而，在1949—1979年的30年中，尽管江南农业也确实取得了相当的成就，但是农业劳动生产率却一直在下降。① 农村依然很贫穷，农业生产技术和方法仍然很落后，距离近代化还是十分遥远。

总之，最近一千年来江南农业经济的变化，总是和我们对它的预期相违：在我们预期它会出现近代发展的那些时候（例如在宋代或明代后期），这个发展并未出现；在1949—1979年间，尽管国家积极地采用那些大家认为会促进近代发展的手段来推动这一发展，结果却是以失败而告终。然而，在1979年以后，这个发展却又出人意料地出现了。更出人意料的是，这个发展所走的道路完全不同于我们心目中的那种近代化道路。由此可见，“脱离常轨”确是江南农业经济变化的一贯特点。这里我们要问的是：为什么会这样呢？

二、西方中心论与江南经济史研究

简单地说，“脱离常轨”之所以成为江南农业经济变化的一贯特点，是因为这个变化实际上所走的道路，和我们心目中它应当走的道路很不相同。那么，我们心目中的经济发展道路是什么呢？为什么我们总是把这种道路作为经济发展的正常轨道呢？

很明显，我们心目中的中国经济变化应当走的道路，实际上就是西方

---

① Philip Huang, *The Peasant Family and Rural Development in the Yangzi Delta, 1350—1988*.

经济变化已经走过的道路。而我们之所以把西方走过的道路当作“正常轨道”，又是因为西方中心论的历史观在我们的研究中占据着统治地位。

近代中国的经济史学是从西方和苏联引进的，它们又都以 19 世纪的西方学术为基础。19 世纪西方社会理论的主要特点之一，是以西方为中心，把西方的经验（特别是近代早期以来西方的经验）视为人类社会变化的共同的和必然的规律。非西方社会中的变化也被认为基本上是沿着与欧洲相同的道路，尽管在这条道路上走得很不成功。这种西方中心论的历史观，也成为了中国经济史学的基本观点之一。尽管马克思主义历史学家在政治上和感情上都强烈反对那种把西方视为至高无上的帝国主义观点，但是依然相信近代早期以来西方经济变化的道路是近代经济成长的唯一道路，中国经济变化也一定会沿着这条道路前进。非马克思主义的历史学家也如此，特别是他们在解释中国何以未能发展出自己的资本主义时，基本上也是以欧洲为标准来寻找原因。因此，每当我们发现中国历史上的某些经济变化与近代早期西方经济成长有相似之处，我们就认为这是中国会发生近代经济成长的证据①；相反，中国与西方的相异之处，则被视为中国之未能发生近代经济成长的障碍，如果消除了这些障碍，中国仍然会出现近代经济成长②。因此，许多中国经济史学者们耗费了巨大精力所进行的研究，实际上是一种预先设定了结论的研究。这种做法实际上是力图把中国历史的真实，硬塞进西方近代早期以来的经济发展模式。但是由于中国的实际与西方模式确实有很大的差别，所以从西方模式来看中国的历史，自然发现中国的经济变化总是不合规律，脱离常轨。

这种西方中心论的历史观，在最近一二十年中已受到越来越大的挑战；破除西方中心论、从中国实际出发来研究中国历史，正在成为新一代历史学者的共识。然而，西方中心主义之所以应当破除，不仅是因为实证研究

① 例如关于“资本主义萌芽”的研究，就是典型的例子。

② 例如关于“封建社会长期延续”的讨论中所涉及的许多问题，都表现了这一点。

证明了西方的经济成长模式难以适用于1850年以来中国经济变化的实际，而且也由于这种模式本身存在严重问题。

首先，近年来关于西方经济史的研究已经表明：过去公认的“近代西方发展道路”并没有普遍性，因为工业革命和近代资本主义并非到处可以出现。不仅如此，工业革命和西欧发展道路也不一定必然联系在一起，因为即使在西欧，近代早期的经济发展也不一定会在每个地方都引起工业革命。事实上，就是在英国，工业革命为什么会出现和如何出现，至今仍然还不清楚。关于工业革命的较近研究指出：在西欧，工业革命并非是不可避免的。① 如果在西欧情况尚且如此，那么中国在1840年以前商业资本主义的发展怎么可能必然最终导致工业资本主义的出现呢？

其次，近年来关于东亚经济近代化的研究也表明：一种传统经济与其近代化发展之间的关系是非常复杂的，而且这种关系也因时因地而异。东亚经济中的许多传统因素，按照西欧的标准来看是消极的，但却在促进经济发展方面起到了非常重要的积极作用。正如托马斯·史密斯（Thomas Smith）所言，很难说德川时代的日本和近代欧洲之间的差异，与某种程度的落后相关；日本的某些传统因素，已经证明是一种促进近代发展的力量。② 同样，中国传统经济的一些基本内容，也绝非近代化的障碍，而是近代化的积极因素。一旦真正的障碍被排除，这些因素就会有力地促进近代经济的发展。③ 因此，明清中国经济与近代早期西欧经济之间有共同之处，并不能表明中国会走上西欧的资本主义发展道路；二者之间有差异，也并不能说明中国不能沿着自己的道路出现经济近代化。

最后，现有的共识也存在方法论方面的问题。人类社会的历史变迁的

---

① 参见［美］王国斌：《转变的中国：历史变迁与欧洲经验的局限》，第3章。Graeme Donald Snooks主编的一本论文集的书名，干脆就叫做 *Was the Industrial Revolution Necessary*?（《工业革命是必然的吗？》）。

② Thomas Smith，*Native Sources of Japanese Industrialization*，*1750—1920*，pp. 1-2，45-46.

③ Dwight Perkins，*China's Modern Economy in Historical Perspective*，p. 3.

性质极其复杂，但这种共识的许多结论却建立在一些非常成问题的假设的基础之上，因此它提供给我们的只是一种过于简单化的解释。其真正关心的，并不是研究“中国究竟发生了什么变化”，而是研究“中国应当发生什么变化”和“中国为什么没有发生它应当发生的变化”。换言之，它最感兴趣的是如何用近代西方的标准去评判中国的过去和预测中国的未来，而非解释中国过去的实际。但是，正如希克斯所警告的那样，对于过去发挥想象力是危险的——甚至在为了“理论的目的”而这样做时也如此。要真正了解过去的情况，决不能运用想象；相反，我们必须设身处地地站在古人的立场上，假设“如果我就是那样一种人”，问一问“如果我处于那样一种地位上，我将会怎么做”。只有这样，我们才能开始猜测过去的情况究竟如何。① 因此，这种欧洲中心主义的研究阻碍了我们对明清中国经济的真实情况的准确了解。

三、经济发展的方式不止一种

按照西方中心论，近代经济发展只有一条道路，即欧洲的道路。既然江南经济走的不是这一条道路，因此它必定不能发展。我们必须思考以下的问题：近代经济成长是否只有一种模式？如果近代经济发展的道路不只有一种，那么一个国家或地区的经济没有出现这种形式的发展，并不意味着不会出现其他形式的发展。只有弄清了这个问题，我们才能摆脱欧洲中心主义，把对中国经济史的研究置于中国实际的基础之上。

从理论上来说，经济发展的道路并不止一条。费维恺（Albert Feuerwerker）指出：即使就近代经济成长（即所谓“发展”，development）而言，也有两种形式，即斯密型成长（the Smithian growth）和库兹涅茨型成长（the Kuznetzian growth）。导致这两种成长的动力和条件大不相同，

① John Hicks，*A Theory of Economic History*，pp. 5–6.

所引起的后果也不一样，而且这两种成长之间也不一定有必然联系。但是它们都属于近代经济成长。换言之，它们都以劳动生产率的提高为主要特征。①

姑且不谈这种“纯”理论上的可能性，我们从实证研究中也可以看到确实存在不同的近代经济成长道路。例如依照史密斯的研究，在德川时代的后半期，日本出现了与工业革命前夕英国和法国所出现的近代经济成长相似的真正的近代经济成长。但他也指出：日本的发展与西欧的发展非常不同。此时期内日本农业经济中的重大进步，标志是亩产量提高、农民副业工作增加、许多小的技术改进、农村制造业（特别是纺织业）的迅速发展，等等。他总结说：此时期日本的发展，是一种“以农村为中心的发展”，大不同于西欧“以城市为中心的发展”。② 因此近代经济发展有不止一种道路，这不仅是理论上的可能性，而且也是存在于某些地方的客观现实。

以上情况也完全适合于近代以前的江南。在费维恺所指出的两种发展道路中，尽管清代江南确实没有出现库兹涅茨型的近代经济成长，但是它却完全有可能出现斯密型的近代经济成长，因为后一种近代经济成长并不是以近代技术为基础，而且与近代工业没有什么关系。斯密型的近代经济成长所依靠的，主要是分工和比较优势。而分工和比较优势在清代江南都是明显存在的。

事实上，在清代江南农业经济中，除了斯密所强调的分工和比较优势之外，还有其他一些因素有助于斯密型的近代经济成长的出现。例如拙著《江南农业的发展，1620—1850》中译本第一、二编中所指出的那些进步，

---

① Albert Feuerwerker，“Presidential Address：Questions about China's Early Modern Economic History that I Wish I Could Answer”.

② Thomas Smith，*Native Sources of Japanese Industrialization*，*1750—1920*，pp. 5，8，12-13，15-16，18，43-44.

都能够明显地增加产量。由于这些进步普及到江南各地需要相当长的时间，所以从整个江南地区来说，它们所能产生的经济增长也是长期的。然而，由于清代前中期江南有效的人口控制机制和城市化的发展，使得农村劳动人口增长颇为缓慢。[①] 因此在这个时期中经济成长超过人口增长是可能的。换言之，尽管土地没有增加、技术没有重大突破，农业中的劳动生产率仍然可能保持一种长期的和缓慢的持续成长。因此，仅仅因为江南没有出现库兹涅茨型的近代经济成长就断言江南农业中的劳动生产率必然下降，是不符历史真实的。

四、不同种类的农业经济

不同地方的农业经济之间往往具有很大的差别。在长期的变化中，各地农业经济根据自身的条件形成了各自特有的技术体系和经营方式，或者说不同的传统。因此，对一个地方农业经济变化进行研究，首先必须弄清其特点，承认传统中所包含的合理性，而不能以另外一个地方农业经济变化的特点为研究的出发点，一概否定传统的价值。

江南和西方的农业经济之间具有巨大的差别。这种差别之大，甚至使得人们在农村—城市、农民—工人这样一些最基本的概念上，都很难获得共识。今天，当你走在无锡县东升村的主要街道上时，你可能不会相信这是农村，因为你所看到的完全是一派美国西部新兴工业园区的景观；你当然也不会相信这里工厂里的工人是农民，因为他们一年中在工厂里实际劳动的时间，比大多数城市国有工厂工人劳动的时间还多。然而这些村子的确是农村，因为农业仍然是村里的重要产业；这些村民从某种意义上来说也的确还是农民，因为他们中的许多人每年仍然拿出一部分工作日从事田间劳动，尽管这部分工作日的数量远远少于他们从事工业劳动的工作日的

① 参见李伯重：《清代前中期江南人口的低速增长及其原因》，载《清史研究》，1996（2）；《节制生育，控制增长——清代前中期江南人口问题探讨》，载《计划生育研究》，1996（3）。

数量，而且他们的主要收入也来自工业。

上述情况并不是今天才出现的。在明代后期以来的江南，除了那些作为地方行政中心的城市（即省城、府城和县城）之外，在农村和城镇之间、农民和工人之间，并没有明显的界线。较大的村子往往就是较小的城镇，而较大的城镇也往往由一两个村子发展而来并且继续保留着相当明显的农村特点；农村中有相当的人口主要并不依靠农业生活，而许多城镇居民（特别是地主）的主要生活来源却来自农业；相当多的城镇居民主要是在农村经营业务（例如商人、高利贷者），而城镇手工作坊中的工人则有很大一部分生活在附近的农村；农村居民大多“亦农亦工”，除了农业之外也从事农村工业（特别是纺织业），而许多城镇居民也“亦工亦农”，除了从事纺织或其他手工业外，也种桑养蚕，或者耕种一小块土地，为自己家庭生产食物；等等。此外，在最主要的工业生产（即纺织业）中，城镇工业往往只是农村工业的延续，而最重要的城镇商业（粮食、纺织品和肥料的贸易）也以农业作为基础。因此，确实很难在农村与城镇、农民与工人之间划出一条明确的界线。只是到了20世纪，由于江南农村经济的衰落和上海等近代城市的兴起，这条界线才开始变得分明起来。而在1949—1979年间，由于国家实行严格的城乡区隔政策，这条界线才成为真正的界线。然而到了1979年以后，这条界线又开始模糊，以致今天我们无法再按照西方的标准，给江南的农村和农民下一个准确的定义。

江南城乡的以上特征，也为牟复礼（Frederick W. Mote）关于明清苏州城市史的研究所证实。他指出：和工业化以前的欧洲相比，中国的城市是相互开放的，彼此之间没有明显的空间利用方式相互隔绝开来。中国人的生活，在心理、社会和物质方面都有一种城乡延续性。中国的城市明显地把乡间生活和农业活动包含于其中，而很大一部分城市经济活动（例如商业、金融业和制造业），有很大一部分分布于城郊。城市的特色延伸并且影响到了城外，而农村的特色在城里也受到欢迎。因此中国的社会是一个开放的社会。[1] 在这样一个开放的社会中的中国城乡、工农关系，当然很不同于处于相互封闭状态中的欧洲城乡、工农关系。如果以欧洲的标准来研究中国，必然会在确定"谁是农民"和"谁是工人"以及"谁是城市居民"和"谁是农村居民"的问题上遇到很大困难。白馥兰（Francesca Bray）指出西方的历史学家在研究亚洲历史时，往往对诸如"农民"这类概念感到棘手，正是因为西方的有关概念很难准确地符合这里的实情。[2]

这些特征的根源，部分在于水稻农业的特点。较之欧洲的旱地农业，东亚的水稻农业更加富于生产性和劳动密集性，因此在水稻地区更容易达到一定的人口密度，从而形成城或镇。同时，如白馥兰所指出的那样，当水稻农业的进步吸收更多的劳动时，这些进步既不会成为难以克服的问题，也不会排除把水稻农业与其他经济活动结合起来的可能性。[3] 因此水稻农业很容易与工商业结合起来。这就使得城乡之间的界线更加模糊。不仅如此，水稻农业需要更多的肥料并生产更多的粮食，因此农民为了收集肥料和出售粮食，不得不与城镇发生更密切的联系。布罗代尔已注意到中国南方城乡的相互依赖性比西欧更大，同时也注意到在日本，水稻与旱地越冬作物轮作的一年二作制的普及有助于把农村与近代经济联系起来。[4]

这些源于水稻农业的特征，不仅在形成东亚前近代社会（pre-modern society）的特点方面，而且在决定这个社会的近代化可能走何道路方面，都具有举足轻重的意义。史密斯将日本的"前近代经济成长"（pre-modern economic growth）或发展（development）称为"以农村为中心的成长"

---

① F. W. Mote, "A Millennium of Chinese Urban History: Form, Time and Space Concepts in Soochow".

② Francesca Bray, *The Rice Economics: Technology and Development in Asian Societies*, p. 1.

③ 同上书，p. 154。

④ Fernand Braudel, *Civilization and Capitalism, 15th－18th Century: The Structure of Everyday Life—Civilization and Capitalism*, Vol. 1, pp. 151, 154, 157.

(rural-centered growth)，并证实了这种成长对日本经济的近代化具有巨大影响，使得日本的经济近代化道路不同于西方道路。即使在今天，日本经济模式的许多特征仍可追溯到这种以农村为中心的前近代成长，并且也表明：对于日本的近代化而言，这些前近代的遗产并非一种消极的力量。①

很清楚，前近代的江南农业经济非常不同于西欧的农业经济，二者的发展道路也彼此大异。这就隐含着这样的意思：从西欧经验中得出来的农业发展模式，可能不能很好地适用于江南。那么，江南农业经济近代化的道路是什么呢？

五、过去的延续：江南农业经济近代化的道路

江南大规模的农业近代化始于1950年代。一个强有力的国家，推行一项雄心勃勃的计划，旨在使江南农业在一个短时期内实现近代化，这在江南的历史上还是头一次。尽管模仿苏联农业发展模式后来被视为一大失败，但是很难说做出这样的决定仅只是出于政治上的考虑。例如，在接受过近代教育的人中，很少有人会相信像锄头那样的“原始”的手工农具会比拖拉机更有效率，或者一个仅只拥有十亩（或更少）耕地的家庭农场会比一个拥有几千亩耕地的大农场更有效率。但是如果一个农场的规模只有几亩大，就无法想象其主人会需要使用拖拉机来耕田。简言之，由于农业近代化被认为主要就是机械化，而地权的高度分散和经营规模的狭小是机械化的主要障碍，因此农业近代化必须依靠农业集体化来达到。这种想法似乎非常符合关于“发展”的共识，后者特别强调技术进步、规模经济等。出于这样的原因，在1950年代后期和1960年代初期，国家在江南推行了农业集体化和公社化运动，并且大力推广诸如双轮双铧犁、大型拖拉机和收割机等近代农业机械。然而出乎决策者的预料，这些努力都遭到了失败。

① Thomas Smith, *Native Sources of Japanese Industrialization, 1750—1920*, pp. 2, 16-17, 43, ch. 9.

不过，人们对于“大经营必定优于小经营”的信念，却依然坚定不移，直至1979年改革开始后才发生变化。1979年改革实际上是农业集体化和公社化的结束，因此有些人将解散人民公社视为“倒退到落后的小农经济”，认为这将阻碍以后农业的发展。

当然，近20年来的现实已证明这种“江南农业经济将出现倒退”的看法是错误的。现代农业技术的运用在江南农业发展中起了重要作用，而与1979年以前相比，1979年以后江南现代农业技术的运用更加普遍而成功。不过，与1950年代和1960年代国家大力推广的那些技术不同，现在普遍运用的技术大多数是20世纪中期以来出现的新技术。① 这些技术特别适合于小规模水田农业，与西方近代农业中通用的那些适合于大规模旱地农业的技术有很大差异。今天江南农业中所运用的近代经营方式，也与西方农业中的经营方式差别很大，而与日本、韩国和我国台湾等东亚国家或地区的近代经营方式具有更多的共同点。

为什么这些近代的技术与经营方式在江南会得到很好的运用呢？一个主要原因是它们可以比较容易地与江南在清代达到完善的传统技术体系（如土地改良和利用技术、复种与间作技术、农业生产中废料的循环利用技术等）和经营方式（如小规模的家庭农业、多种经营等）很好地结合起来，从而形成今天江南农业经济近代化的主要特色。不仅如此，尽管今日江南农业经济的技术基础已大不同于清代，但是今天江南农业经济成长的主要道路仍然还是清代的道路——如生产的资本集约化、资源利用的合理化、生产的外向化等。因此，虽然已经发生了巨大的变化，但是我们仍然可以从今日江南农业经济的发展中看到清代的影子。下面，我们仍然以无锡县为例继续进行讨论。

虽然地方政府倡导将农田集中到各种形式的村办农场，实行“规模经营”，但是由家庭农场经营的农田，仍然占该县农田总数的60％。这种家庭

---

① 如水田耕作机械、化肥、农药、种子、育秧和机械移植方法等。其中有许多是1960年代以来日本所创造的技术。

农场经营的田地一般只有几亩，农场规模与清代相当甚至更小。然而，尽管农民只是在从事工业活动之余从事农业生产①，但是这些小农场的土地生产率和劳动生产率却都很高。这表明：在清代得到发展完善的小规模农业，到今天仍然是提高劳动生产率的最佳经营形式。

该县农业生产的发展，走的是生产的资本集约化、资源利用的合理化和生产的外向化的道路。这明显地体现在该县农业所实行的“三高一创”（高效率、高产出、高效益和大量出口创汇）的经营方针上。该县农业生产已基本实现机械化，近代化的农业设施和设备也都基本完备，从而使得生产中的资本投入数量大大超过劳动投入数量，成为资本密集型的生产。为了提高土地的合理利用程度，许多农户和村办农场根据当地的自然条件，把原来种植粮食的田地改种蔬菜、水果、饲料作物和某些价值高的优质品种粮食作物，或者兴办较大规模的家畜、家禽饲养场，或开挖池塘养鱼，因此获得了比种粮高得多的产量。为了更合理地利用现有劳动力和农业设施与设备，该县推行农业生产社会化的方针。到1993年，已有86%的村子建立了“标准化农业综合服务站”，为农户提供机耕、灌溉、良种、农药、化肥、农机维修等专项服务，并负责机械插秧、机械直播水稻、新作物品种与新家畜、新家禽品种等新技术的推广。然而，这些被认为是1980年代和1990年代出现的新创举，对于我们来说并不陌生，因为早在清代前中期，生产的资本集约化和资源利用的合理化就已经是促使江南农业成长的主要途径。即使是农业的社会化服务，也可以从1830年代松江农村有牛人家为无牛人家耕地而“计亩核算”收费和专业服务人员承包农户的灌溉的习惯做法中找到起源。此外，今日无锡县的农业产品的商品率相当高，一些村办农场的粮食商品率已超过95%，而非粮食农产品的商品率还更高。农产品销往外地（主要是上海、苏州等城市）的比例日益增大。这又使我

① 由于大多数农村劳动力已转移到农村工业企业中工作，经营田地实际上已成为“副业”。

们想起清代江南农业生产外向化的特点。

此外，我们还要注意到农村工业在农村经济成长中所起的作用。拥有一个发达的农村工业是江南农村经济的最大特点之一。而对于近代西方来说，这是非常陌生的现象。江南的农村工业分布于农村和小市镇，所以在今天又被称为"乡镇企业"。一般来说，与城市工业相比，这些乡镇企业的技术装备水平较低，生产规模较小。这与清代农村工业的特点也有相似之处。其次，这些企业大都以轻工业（特别是纺织业）为主，女工在职工总数中占有很高的比例。① 与此相反，在规模较大的村办农场的职工中，男工却占大多数。这又使人不禁想起清代江南"男耕女织"的情景。到1993年，乡镇企业的产值占该县工农业总产值的88.5%，成为该县经济的最大支柱。这和清代江南许多地方（包括无锡）农村工业生产超过农业、农村人口更多地依靠农村工业为生的情况②，并不是一种巧合。

总之，从无锡县的例子，我们可以看到：尽管发生了巨大的变化，但是"过去"仍然存在于"现在"之中，历史仍然在延续，江南仍然是江南。由于今日江南农业经济近代化中的主要传统因素大多源自清代前中期，因此从这个意义上来说，离开了清代的变化，就很难想象今日江南农业经济的近代化。

今日江南农业经济的迅速发展，为我们历史学者提供了一个重新认识过去、重新评价过去的良机。费维恺在1992年美国亚洲学会的主席演讲中，号召在关于中国过去和现在的经济的研究中，需要对研究对象进行准确的估量、描述和分析。③ 而这又需要我们在理论和方法上努力追上社会

① 在一些乡镇企业中，本地和外地的女工，占了职工的大多数。

② 如林则徐说，在1840年代江南东部苏、松两府的许多地方，"男妇纺织为生者，十居五六"（林则徐：《太仓等州县卫帮续被歉收请缓新赋折》，见《林文忠公政书》，《江苏奏稿》卷二，北京，中国书店，1991）。

③ Albert Feuerwerker, "Presidential Address: Questions about China's Early Modern Economic History that I Wish I Could Answer".

科学的发展。中国经济史研究中的许多理论，实际上是建立在19世纪的社会理论的基础之上的，而正如王国斌所说，“19世纪的社会理论，在许多方面已不再可信。在我们修正社会理论时，如何解释历史与文化，对于许多学者来说，是一个长期的挑战。这一挑战将还一直延续至21世纪”[①]。而西方中心论正是19世纪西方社会理论的核心之一。因此，在21世纪中，我们必须更加努力去探索适合中国实际的新理论和方法。梁启超在《新史学》中说：“夫所以必求其公理公例者，非欲以为理论之美观而已，将以施诸实用焉，将以贻诸将来焉”。虽然梁氏所说的“实用”主要是指史学的社会功能，但是如果将其理解为史学研究的实践，那么我们可以说在一百年前梁氏提出的问题在今天依然颇有深意。

① ［美］王国斌：《转变的中国：历史变迁与欧洲经验的局限》，3页。

“江南经济奇迹”的历史基础*

——新视野中的近代早期江南经济

中国经济在过去30年中的高速发展，创造了世界历史上最伟大的经济奇迹。① 这个经济奇迹为何会发生？为此问题寻找正确的答案，成为今天世界各国经济学家和历史学家的重大任务。

歌德曾经说：“我认为但丁伟大，但是他的背后是几个世纪的文明；罗斯柴尔德家族富有，但那是经过不止一代人的努力才积累起来的财富。这些事全部隐藏得比我们想象的要深”②。同样的道理，要认识中国今天的经济奇迹，就必须对19世纪中期西方到来以前中国经济的真实状况作全面深入的检讨。正如柏金斯所言，中国的现在是中国过去的延续；中国在最近几十年中发生了巨大变化，但是中国的历史依然映照着中国的今天，“过去”的影子可以见诸众多方面。只有从历史的长期发展的角度出发，才能真正了解今天的中国经济奇迹。③

---

* 本文刊于《清华大学学报》（哲学社会科学版），2011（2）。

① 早在1986年，中国经济才开始起飞时，柏金斯就指出：18世纪中期工业革命在英国发生，随后横扫欧洲其他部分（包括苏联阵营）和北美，用了250年的时间，才使这些地区实现工业化，提高了今天世界23%的人口的生活水平。而中国今天的经济发展倘若能够继续下去，将在四五十年内使得世界另外23%的人口生活在工业化世界中（Dwight Perkins，*China*：*Asia's Next Economic Giant*?）。考虑到中国工业化的过程的规模之大和速度之快，中国的经济奇迹当然是世界历史上最大的经济奇迹。

② 转引自［英］弗格森：《罗斯柴尔德家族》，第1部，《金钱的先知》，43页，北京，中信出版社，2009。

③ Dwight Perkins，*China*：*Asia's Next Economic Giant*?.

一、“脱亚入欧”：今天的江南经济奇迹[①]

在过去一千年中，江南一直是中国经济最发达的地区。同时，江南也一直是中国文化最发达的地区，保留了最为丰富的经济史文献。因此之故，江南在中国经济史上也拥有特别的地位，同时在过去近一个世纪的中国经济史研究中，江南是研究最深入的地区。中国经济史中许多有影响的理论模式都来自江南经济史研究，或者以江南经济史研究作为这些理论的主要的经验研究基础。江南的情况往往被当作中国的“典型”或者“代表”，从中得出相关的理论模式。

中国经济史研究中的“江南”地区，通常指的是长江三角洲。[②]但是对于长江三角洲的范围到底有多大，则有狭义和广义之说。狭义的长江三角洲，即我过去界定的“江南”的范围，大体包括东起今天的上海、西北至南京和西南至杭州的三角形地区。而晚近政府规划部门、经济学界和媒体所说的长江三角洲为广义的长江三角洲，包括上海、苏州、杭州、无锡、宁波、南京、南通、绍兴、常州、台州、嘉兴、扬州、镇江、泰州、湖州和舟山 16 个“市”（直辖市、省级市、地级市），范围比狭义的长江三角洲大得多。大致而言，狭义的长江三角洲可以说是广义的长江三角洲的核心，而广义的长江三角洲则是狭义的长江三角洲的放大。由于今天的经济统计多以广义的长江三角洲为单位，因此本文所说的江南地区也指的是广义的长江三角洲，而非我过去所界定的狭义的长江三角洲。

依照 2002 年的数字，江南地区面积大约为 10 万平方公里，实际居住人

---

① “脱亚入欧”本是日本明治维新的口号，表达了落后国家一种希望以西欧为榜样，推进近代化，从而进入世界先进国家行列的强烈愿望。中国虽然没有提出这个口号，但是鸦片战争以后，中国的变法、维新、革命的理念，与日本的“脱亚入欧”的企图，在本质上来说并无二致。本文中的“脱亚入欧”一词，意思是在经济发展水平上追赶西方先进国家。

② “江南”本是一个界限不甚明确而且不断变化的地理概念。我在过去的文章中对其作了界定，并说明了作此界定的理由。（参见李伯重：《简论“江南地区”的界定》，载《中国社会经济史研究》，1986（2）；《江南的早期工业化，1550—1850》，修订版，北京，中国人民大学出版社，2010）据此界定，“江南”地区，包括明清的苏州、松江、常州、镇江、江宁、杭州、嘉兴、湖州八府。

口为 8 228 万[①]；人口密度高达每平方公里 823 人，为我国人口密度最高的地区之一。江南地区也是我国城市化水平最高的地区，城市化水平达 52.63%[②]，并拥有上海、南京、杭州三个特大城市和苏州、无锡、宁波等大城市。

至少从宋代以来，江南一直是中国经济最发达的地区。但是尽管如此，在 1979 年经济改革以前，江南地区的经济发展水平远远低于西欧国家。在 1979 年后的 30 年（特别是在 1992 年以来的近 20 年）中，江南经济发展迅猛。到了今天，尽管这个地区的面积和人口仅分别占全国总数的 1% 和 5.9%，但其 2009 年国内生产总值却占到全国的 17.8%，高达 8 786 亿美元，而 1978 年仅为 443 亿美元[③]，1992 年也仅为 654 亿美元。[④] 在今天中国的经济奇迹中，江南扮演着领头的角色。

由于这个超高速增长，江南与西欧在经济发展水平方面的差距，在过去 20 年中迅速缩小。就人均国内生产总值而言，江南 1978 年为大约 1 200 美元，不到当年法国（9 424 美元）的 1/8 或者英国（5 727 美元）的 1/5，仅及西欧最穷的国家葡萄牙（2 349 美元）的一半。[⑤] 然而到了 2009 年，江南的人均国内生产总值已上升到 11 600 美元（依照官方汇率计算）[⑥]，比 1978 年几乎增加了十倍。由于西方经济界普遍认为人民币对西方主要货币

① 这是 2008 年的居住人口数。户籍人口数是 7 571 万（香港投资推广署与广东省对外贸易经济合作厅编：《中国主要经济区主要经济指标》）。又，据 InvestHK（香港投资推广署），*The Greater Pearl River Delta*（2010）（p. 42），2010 年江南的面积为 10.9 万平方公里，居住人口为 9 893 万人，户籍人口为 8 412 万人。

② 参见宁越敏：《"长三角"城市化应当打破行政阻隔》。

③ 1978 年中国的 GDP 3 624.1 亿元人民币（见《1978—2005 年中国历年的 GNP 和 GDP》），而长江三角洲所占的比重为 18.7%（陈建军：《长江三角洲地区产业结构与空间结构的演变》，载《浙江大学学报》（人文社会科学版），2007（2））。据此，长江三角洲当年的 GDP 是 677.7 亿元。当年人民币对美元的官方汇率为 1.68 元人民币=1 美元（见 NationMaster. com）。因此 677.7 亿元可折算 443.3 亿美元。

④ 参见吴国新：《FDI 与长三角地区经济增长相关性分析及存在问题研究》，载《国际商务研究》，第 27 卷第 6 期，2006。

⑤ 据 NationMaster. com。

⑥ 但是据 InvestHK，*The Greater Pearl River Delta*（2010）（p. 42），2008 年长江三角洲的人均 GDP 为 7 853 美元。

的实际汇率被严重低估，因此依照官方汇率计算的中国国内生产总值通常也被认为估计过低。为了了解中国经济的真实状况，国际上通常使用购买力平价（PPP）的方法来计算中国的国内生产总值。使用PPP方法计算2009年江南人均国内生产总值，得出的结果是21 190美元①，相当于当年英国（35 200美元）人均国内生产总值的60%，法国（32 800美元）的65%，而与葡萄牙（21 800美元）持平，而大大高于新近加入欧盟的匈牙利（18 600美元）和波兰（17 900美元），以及前世界超级大国俄罗斯（15 100美元）。② 换言之，江南与西欧发达国家在经济发展水平方面的差距正在迅速缩小，呈现出了“江南紧追西欧”的情景。在可以预见的将来一段时间内，江南的经济成长还保持着10%上下的速度，而西欧经济则还将长期低速成长甚至出现停滞。因此，江南在人均国内生产总值方面赶上英法等西欧主要国家，并非可望而不可即之事。

作为这个“赶超西欧”的经济奇迹的一个表现，江南的经济中心上海，也正在成为世界新的经济中心之一。上海是中国最重要的海港，但就港口货物吞吐量而言，1980年上海在世界各海港中仅名列第160位，但是自2006年起，已稳居世界第一的宝座。在1979年以前，上海尚无现代意义上的金融业，但是最近20年中，上海金融业发展迅猛，在国际金融业中的地位也迅速提升，以致张五常等经济学家乐观地认为在未来几年中，上海将发展成为与纽约、伦敦鼎足而三的国际金融中心。

因此我们可以说，由于近20年来的高速发展，到了今天，江南在经济发展水平方面正在迅速接近西方发达国家，换言之，正在实现先辈们“脱亚入欧”的梦想。

---

① 依据*CIA World Factbook*（http://factbook.lincon.com/geos/ch.html）的数字，2009年用PPP和官方汇率计算的中国GDP的比例为1∶1.826。如采用这个比例，则2009年长江三角洲人均GDP为21 190美元。

② 欧洲国家的数字取自*CIA World Factbook*。这里我要强调：长江三角洲的人口，比上述任何一个欧洲国家的人口都多，仅只少于俄罗斯，而俄罗斯通常被认为是一个欧亚国家，而非只是欧洲国家。

二、造就江南经济奇迹的因素

造就今日江南经济奇迹的因素，当然很多。按照一般的看法，这些因素中最重要的，是1979年的经济改革、外资与先进技术和管理的大量引进等。这些因素确实极为重要，倘若缺乏其中任何之一，江南的经济奇迹都不可能发生。但是，仅只是这些因素，尚不足以解释江南经济奇迹的发生，因为这些因素不仅存在于江南，而且也存在于全国许多地区。事实上，在1992年以前，江南之外的一些地区，特别是广东和福建，从这些因素中受惠比江南更多。广东和福建不仅享有更为优惠的政策以及在吸引外资方面更为有利的地缘优势，而且上交给中央财政的税款也远低于江南，从而拥有相对较多的资源用于本地的经济发展。相对而言，江南在上述方面与中国大多数地区相比，处于颇为不利的地位。由于江南是中央政府最重要的财政来源地，中央政府对江南经济的控制也最为严格。在改革开放初期，中央决策者也不愿把这个至关重要的地区作为进行这场史无前例的伟大改革开放的实验之地。在改革开放的头十年中，江南地区的改革开放的步伐远比广东和福建慢，外资及先进技术与管理的引进规模也远比广东和福建小。因此之故，在改革开放的头十年中，江南经济发展速度甚至低于全国平均速度。① 与广东和福建相比，差距就更大了。特别是经济发展最快的广东，人口与江南大体相当，面积则比江南大得多，自然资源也更为丰富。② 由于广东享有更优惠的政策和吸引外资的地缘优势，因此经济发展

---

① 在1980—1990年，长江三角洲GDP年均增长13.10%（以固定价格计），增速低于全国平均增速（14.96%）。见孙海鸣、赵晓雷：《长三角区域经济竞争格局、合作基础与区域共同市场建设》，见孙海鸣、赵晓雷主编：《2005年中国区域经济发展报告——长江三角洲区域规划及统筹发展》，上海，上海财经大学出版社，2005。

② 据香港投资推广署（InvstHK）与广东省对外贸易经济合作厅合编的《中国主要经济区主要经济指标》，2000年广东省与长江三角洲的陆地面积分别为179 757平方公里和100 200平方公里，而户籍人口分别为7 649万和7 571万，实际居住人口则分别为8 523万和8 228万。又，据InvestHK，*The Greater Pearl River Delta*（2010）（p. 42），2010年广东省与长江三角洲的陆地面积分别为179 813平方公里和109 993平方公里，而户籍人口分别为8 276万和8 412万，实际居住人口则分别为9 194万和9 893万。

速度远远快于江南。但是到了1992年以后，江南获得了与广东、福建相似的政策，于是江南的经济表现即超过了广东、福建和中国其他地区。在21世纪的头十年中，江南的国内生产总值比广东多出50%～60%。[①] 由这个事实可以清楚地看出：造就今日江南的经济奇迹的，不只是上述因素。

当然，1979年的经济改革（就江南来说，特别是1992年的进一步改革）是导致今日江南经济奇迹的直接原因或触发点。没有这些改革，就不可能有今天的经济奇迹。然而，从学理上来说，究竟什么是改革的要义？雷蒙德·威廉姆斯（Raymond Williams）在其《关键词——文化和社会的词汇表》（*Keywords—A Vocabulary of Culture and Society*）一书中指出，"改革"一词，在早期大部分的用法里，意为"恢复原来的形状"以及"制造一个新的形状"，以"将某事物变得更好"或"恢复较早、较不腐败的状态"[②]。约翰·奎金（John Quiggin）对此进行诠释说："从18世纪到1970年代，改革一词通常用来形容温和左派所青睐的政策，一方面反对革命的鼓吹者，另一方面则反对保守和反动的鼓吹者。自1970年代到20世纪末，随着新自由主义的兴起，政策变化转了向，但是改革一词仍然继续在使用，尽管其所描绘的政策包括废除先前的改革"[③]。

上述解释颇为符合江南的实际。1979年开始的经济改革，实际上是否定了以往的历次改革中所推行的合作化、公社化、集体化、国有化、计划经济、城乡隔离、自给自足等政策，因为事实证明这些政策严重阻碍了江南经济的发展。具体而言，在1979年以前的30年中的江南，传统的家庭农业和私营工商业被视为"落后"的生产组织形式而加以铲除，代之以

---

① 据香港投资推广署与广东省对外贸易经济合作厅编《中国主要经济区主要经济指标》，2002年广东和长江三角洲的GDP分别为1 421.5亿美元和2 309.8亿美元，2006年则分别为3 256.9亿美元和4 965.8亿美元。又，据InvstHK，*The Greater Pearl River Delta*（2010）（p.42），2008年广东和长江三角洲的GDP分别为5 298.1亿美元和7 768.8亿美元。

② Raymond Williams，*Keywords—A Vocabulary of Culture and Society*，pp.262－263.

③ http://www.johnquiggin.com/archives/001085.html.

“先进”的集体农业和集体及国营工商业，对外贸易也完全控制在国家手中，强调的是“自力更生，自给自足”。但是到了1979年以后，家庭农业得到恢复，对私营工商业的限制逐渐消除，对外贸易也受到鼓励，出现了一种被某些人士视为“倒退”的情况。[①] 然后这种“倒退”的结果，是江南经济一改1979年以前长期的停滞不前的状况，出现了高速增长。因此从某种意义上可以说，今天江南的经济奇迹，是在新的条件下，把传统经济中有效的因素加以利用的结果。

简言之，由于拥有长期而发达的工商业发展的历史经历，江南比中国其他地区更适应近代经济成长。1979年的经济改革给了江南一个机会，于是江南所蕴藏的潜力就得以释放，导致了江南经济奇迹的发生。这个奇迹是长期历史发展的结果，也证实了马克思的话：“人们不能自由选择**自己的生产力**——这是他们的全部历史的基础，因为任何生产力都是一种既得的力量，是以往的活动的产物。可见，生产力是人们应用能力的结果，但是这种能力本身决定于人们所处的条件，决定于先前已经获得的生产力，决定于在他们以前已经存在、不是由他们创立而是由前一代人创立的社会形式”[②]。由于这种历史的延续性，在历史上没有、也不可能有一个地方是可以任凭人们凭主观去画“最新最美的图画”的“白纸”。

然而，这样一个看似简单的道理，在以往对造就中国以及江南经济奇迹的深层原因的探索中，却被学界的传统看法所屏蔽。

三、西方中心论框架中的近代早期江南经济

本文中所说的“近代早期”，大致始于明嘉靖中后期，终于清道光末

---

① 有关争论，参见马立诚：《交锋三十年——改革开放四次大争论亲历记》，南京，江苏人民出版社，2008。

② 马克思：《致巴·瓦·安年柯夫（1846年12月28日）》，见《马克思恩格斯选集》，2版，第4卷，532页。文中的黑体是原有的。

年，即大约自1550年至1850年的三个世纪。之所以作这样的划定，主要原因是就江南而言，这三个世纪是近代经济最早出现的时期。[①] 同时，我们研究中国经济史离不开与西欧进行比较，而在西欧这个时期（the early modern times）也是近代经济出现的时期。因此之故，我们用“近代早期”这个名词。

从黑格尔以来，西方主流学术把中国看成是一个没有变化的“木乃伊式的国家”[②]。这种看法一直持续到第二次世界大战后才出现重大变化。此时费正清提出了“冲击—回应”理论，认为中国的社会经济在近代并未停

---

① 就江南而言，这三个世纪是其“早期工业化”的时期，也是其“资本主义萌芽”研究中所涉及的时期。无论是“早期工业化”还是“资本主义萌芽”，实际上都指的是早期的近代经济。参阅李伯重所著《江南的早期工业化，1550—1850》及《中国的早期近代经济——1820年代华亭—娄县地区GDP研究》（北京，中华书局，2010）二书。

② 这种“中国停滞论”的形象化表述“木乃伊”论，源于黑格尔。黑格尔宣称：“中国的历史从本质上看是没有历史的；它只是君主覆灭的一再重复而已。任何进步都不可能从中产生”。这不仅确定了中国文明停滞的意义，甚至否定了停滞的意义：如果自由精神从未在中国展开，也就谈不上停滞，因为他认为中国是一个只属于空间的帝国，处于历史之外、时间之外，没有进步，也无所谓停滞或衰退，只有“纹丝不动的单一性”，所有的“变化”，即战争、杀戮、掠夺、篡位，不过是“重复那终古相同的庄严的毁灭”（参见周宁：《天朝遥远：西方的中国形象研究》，下卷，第4编第5章，北京，北京大学出版社，2006）。赫尔德（Johann Gettfried Herder）从种族、地理环境、文化教育、政治制度、道德思想等方面分析了中国文明的全面停滞，得出来形象化的结论：“这个帝国是一具木乃伊，它周身涂有防腐香料、描画有象形文字，并且以丝绸包裹起来；它体内血液循环已经停止，就如冬眠的动物一般”（夏瑞春：《德国思想家论中国》，97页）。马克思也继承了“中国停滞论”观点，并进一步发展了“木乃伊”论：“与外界完全隔绝曾是保存旧中国的首要条件，而当这种隔绝状态通过英国而为暴力所打破的时候，接踵而来的必然是解体的过程，正如小心保存在密闭棺材里的木乃伊一接触新鲜空气便必然要解体一样”（马克思：《中国革命和欧洲革命》）。黑格尔、赫尔德和马克思的这种看法，对后代有巨大的影响。这种看法影响深远，直到20世纪中后期，许多人依然认为如此。例如艾蒂安·巴拉兹说：“要批驳黑格尔关于中国处于停滞不变状态的观点很容易。……然而，黑格尔是对的”（引自［法］阿兰·佩雷菲特：《停滞的帝国——两个世界的撞击》，扉页）；而佩雷菲特自己则说：“1960年8、9月间，我从香港出发，对中国进行了第一次探索。我马上就吃惊地看到这个社会同马嘎尔尼的伙伴们描写的社会十分相似。简直可以说每个中国人的基因里都带有乾隆帝国时的全部遗传信息”（同上书，3～5页）。

滞，相反倒是发生了很大变化，但主要是外力作用的结果。这种理论很快成为学界的主流看法，并且又衍生出“传统平衡”、“高度平衡机制”等理论。这些理论都认为：如果没有外力（即西方政治、军事、经济力量）的介入，中国仍然处于一种停滞状态。越南战争后，西方出现了“近代早期中国”论，认为中国社会经济在明清时期不仅出现了变化，而且这种变化与西方在近代早期出现的变化颇为相似。在我国，1949 年以后确立了马克思主义的史学体系，虽然政治观点和学术取向与西方史学有巨大差异，但是在对于过去几百年中国经济状况的整体看法上，却与西方主流观点颇为一致，即认为在鸦片战争以前很长时间内，中国经济已限于停滞甚至衰落，到了鸦片战争后，在西方的冲击下，中国社会经济才出现了重大的变化。① 一些学者对上述看法提出质疑，提出了“中国资本主义萌芽”论，强调中国经济在明清时期有颇大发展，而且这个发展并非西方“冲击”所导致的“回应”。换言之，中国社会经济发生变化的动力在内部，按照其发展逻辑走下去，中国经济将来一定会走上与西方相似的资本主义近代化之路。②

“资本主义萌芽”论与西方的“近代中国”论彼此颇有类似之处，它们比起过去形形色色的“明清停滞”论，无疑是大大向前进了一步。但是，这两种理论都面临着一个无法回避的事实：中国（特别是中国经济最发达的江南地区）并未自行出现近代工业化，从而发展成为与西欧相似的近代经济。研究者们将未能如此归咎于各种内外因素，例如明清国家专制而腐

① 这种看法，表现为“明清是没落的封建社会末期”、“万历到乾隆”是中国“从先进到落后的三百年”、“中国封建社会结构是超稳定系统”等说法。也正因为如此，鸦片战争也才被定为中国历史从“古代”转向“近代”的起点。

② 这种信念集中地表现在“资本主义萌芽”研究所奉为圭臬的毛泽东 1939 年所写的一段话中：“中国封建社会内的商品经济的发展，已经孕育着资本主义的萌芽，如果没有外国资本主义的影响，中国也将缓慢地发展到资本主义社会”（《毛泽东选集》，第 2 版，第 2 卷，626 页，北京，人民出版社，1991）。

败，不仅未采取措施积极促进经济的发展，而且还奉行传统的"重农抑商"政策，打压工商业的发展；统治阶级对农民和手工业者剥削残酷，占有他们全部剩余劳动甚至部分必要劳动创造的价值，并将剥削所得全部用于挥霍靡费而非扩大社会再生产；明清中国的法律制度不保障产权；儒家价值体系和教育制度抑制发明创造精神；明清（特别是清代）人口暴增，导致经济的"过密化"（或"内卷化"）；等等。所有这些，都使得明清中国不可能出现近代经济成长，即使曾经出现"资本主义萌芽"，也必定夭折或者永远处于萌芽状态。因此，尽管"资本主义萌芽"论和"近代早期中国"论反对先前的"中国停滞论"，结论依然与后者并无大异，都证实了黑格尔的看法：中国处于"世界精神"之外，不可能出现近代经济发展。在这些理论的构建方面，江南起了非常重要的作用，因为这些理论主要依据的是江南经济史研究的成果。换言之，江南经济史研究是这些理论的主要实证研究基础。

然而，对这些理论进行深入的分析，可以看到存在以下重大的问题。

首先，这些理论的基石都是西欧中心论。这种西欧中心论实际上是把西北欧一些国家（主要是英国）的经历作为社会经济变化的"正常"模式（有人将其称为"斯密—马克思模式"），并把资本主义视为近代以前经济演变的最终归宿。将这种西欧中心论用作江南经济史研究的理论构架，导致了诸多问题。例如，新近的研究已经证明，在近代早期世界经济发展水平相近的地区中，工业革命绝非普遍现象。① 相反，在这些

① 18世纪英国与西欧其他地区在发展道路方面出现了分道扬镳，被称为欧洲内部的"小分流"。关于这个"小分流"，可参考2009年出版的两部欧洲经济史研究著作：Robert Allen 的 *The British Industrial Revolution in Global Perspective* 和 Jan Luiten van Zanden 的 *The Long Road to the Industrial Revolution: The European Economy in a Global Perspective, 1000—1800*。需要指出的是，在这两部著作中中国（特别是江南）也是重要讨论对象之一。

地区中，大多数地区的发展方向，更加类似荷兰和江南的经历所体现的方向。[①] 事实上不仅英国的经历绝非具有普遍性，而且世界上也没有一种放之四海而皆准的“正常”模式。持有西欧中心史观的学者，他们更多关心的是江南经济史中“应当发生什么”，而较少真正关心江南经济史中“究竟发生了什么”。这种建立在“斯密—马克思模式”基础之上的“资本主义”发展理论构架，对于江南经济史研究来说并无很大意义，因为在江南，近代资本主义的出现很晚，而且是外源性的。

其次，在上述理论框架中，由于研究的结论已经事先被确定，学者的研究也具有很大的局限性。这些理论的实证基础是以往对于明清中国社会经济的研究所得出的结论。其中一些关键性的结论，如技术停滞、制度僵化、人口危机、国家和统治阶级竭力阻碍经济发展等，导致了明清中国经济陷入一种恶性循环，不可能出现近代经济成长。然而，这些看法并未得到充分的证实，有些甚至只是一种“神话”[②]，而新近的研究表明其中许多是不能成立的。由于以上情况，我们可以说，上述理论构架限制了江南经济史研究，使得江南经济史研究建立在许多未经证实的假设之上。

因为理论基石和实证依据都有问题，因此这些理论的可靠性也就很值得怀疑了。

近年来，随着研究的深入，以往在中国经济史学界的一些“定论”正

---

① 查尔斯·蒂里（Charles Tilly）指出：从 18 世纪中期的立场来看，19 世纪式的工业化发展是全然无法明白的。他说：“假若我们设想身处于 1750 年，不要理会后来真正发生的事，而去想象当时的情况将来会变得如何，那么最可能预见到是城乡劳动分工。但这种分工是：城市里聚集了欧洲的食利者、官吏以及大资本家，他们专力于贸易、行政和服务，而不从事工业。还可以预见到农村有一个不断增长的无产阶级，从事农业与工业”（Charles Tilly，“Flows of Capital and Forms of Industry in Europe，1500—1900”）。

② 例如关于人口变化的“马尔萨斯神话”，见 James Lee & Wang Feng，*One Quarter of Humanity*：*Malthusian Mythology and Chinese Realities*，*1700—2000*。

在被动摇。例如，以往居于主流地位的“宋代高峰论”① 后来已逐渐被摒弃②，现在我国经济史学界的主流看法是明清江南经济发展大大超过宋代，达到更高的水平。这些新的看法的提出，也使得我们重新审视和检讨明清江南经济的状况和特点的工作更加有必要。

四、新视野中的近代早期江南经济

上述以西方中心论为基础的各种理论，一直是国际（包括中国）学界

---

① 早在1957年，宫崎市定将其关于中国历史发展的总体观点总结如下：“中国文明在开始时期比西亚落后得多，但是以后这种局面逐渐被扭转。到了宋代便超越西亚而居于世界最前列。然而由于宋代文明的刺激，欧洲文明向前发展了。到了文艺复兴，欧洲就走在中国前面了。但起初二者之间的差距还很小，直到18世纪还是处于一种雁行状态。但是工业革命一发生，欧洲便把中国远远抛在后面了”（[日] 宫崎市定：《宋代における石炭と铁》）。到了1973年，伊懋可（Mark Elvin）提出了中国“中古时期经济革命”（the medieval economic revolution）和“帝制晚期没有技术变化的经济发展”（the late imperial economic development without technological change）的理论，认为中国在唐宋（特别是宋）时期出现“经济革命”，而自14世纪以后则出现重大转折，陷入“量的增加，质的停滞”（quantitative growth，qualitative standstill）（Mark Elvin，*The Pattern of the Chinese Past*）。尔后，漆侠提出中国封建时代社会生产力的发展的“两个马鞍形”模式，即在秦汉时期达到第一个高峰，魏晋以下低落，隋唐有所恢复和回升，到宋代则“以前所未有的速度迅猛发展，从而达到了一个更高的高峰”，“把宋代中国推进到当时世界经济文化发展的最前列”；元代急遽下降，明代中叶恢复到宋代水平，以后虽有所发展，但在一定程度上显现了迟缓和停滞（或者说，在金、元时期出现“逆转”，以后则“逐渐地缓慢、停滞下来”）（漆侠：《宋代社会生产力的发展及其在中国古代经济发展过程中的地位》，载《中国经济史研究》，1986（1）；《宋代经济史》，上海，上海人民出版社，1987）。到了1990年代，麦迪森以欧美学界的研究成果为基础，对中国历史上的人均国内生产总值（GDP）作了估算，其结果是在960—1280年间，尽管中国人口增加了80%，但人均国内生产总值却由450美元增加到600美元，增加了1/3；但以后一直到1820年都保持着此水平，到1952年更下降到537美元。与此相对照，欧洲在960—1280年间人口增加了70%，人均国内生产总值则从400美元增至500美元，只增加了1/4；而到1700年才达到870美元，超过中国（Angus Maddison，*Chinese Economic Performance in the Long Run*，pp. 25，40）。由此可见，“中国经济在宋代出现飞跃，达到了顶峰，尔后发展减缓，最后陷于停滞”的结论，是在过去半个多世纪中中外学坛上关于中国历史发展模式的主流观点。

② 关于对传统看法的批评，见李伯重《有无“13、14世纪的转折”？——宋末至明初江南农业的变化》（收于李伯重：《多视角看江南经济史（1250—1850）》，北京，三联书店，2003）、《“选精”、“集粹”与“宋代江南农业革命”——对传统经济史研究方法的检讨》（载《中国社会科学》，2000（1））及《历史上的经济革命与经济史的研究方法》（载《中国社会科学》，2001（6））等。

关于明清中国（特别是江南）社会经济的主流看法。但是自 1970 年代以来，这些理论受到越来越多的学者的质疑。① 这些学者通过他们在不同领域里的研究，明确地指出：不能以欧洲的经验为出发点来看中国历史（特别是明清历史）。他们也推翻了以往学界对明清中国的许多看法，指出明清中国社会经济并未停滞、国家作了不少努力以促进经济发展和保障社会福利（例如鼓励农业、兴修水利、放宽对工商业的限制、维持国内正常的贸易秩序、消除国内贸易障碍、保障人民基本的人身和财产权利、赈灾、减免赋税等），这些举措导致了工商业经济有很大发展，市场机制变得更加有效，人民生活水平有相当的提高，教育日益普及，社会流动加强，社会也变得更加平等，等等。

到了 1990 年代后期，加州学派（California School）兴起，对以往的主流看法提出了进一步的质疑。属于该学派的学者们使用不同的方法，在人口史、社会史、经济史等不同的领域中，对近代早期中国史研究中的西方中心论进行了更加深入的批判，并提出了一种有异于传统看法的新视角，使得我们能够从新的角度来看世界历史，特别是看待近代早期非西方世界的历史。他们的观点在国际学界引起巨大的反响，成为目前正在兴起的挑战先前由西方支配的“世界史”的“全球史”（global history）史观的重要内容。由于加州学派的主要观点，集中反映在彭慕兰的《大分流：欧洲、中国及现代世界经济的发展》（*The Great Divergence*：*China*，*Europe and the Making of the Modern World Economy*）一书中，因此“大分流”也就成为了加州学派观点的代表。

加州学派指出：在近代早期，中国（主要是江南）与西欧之间，在

① 对旧说提出质疑的学者主要是西方学者和中国港台地区学者，如全汉昇、克劳斯（Richard Kraus）、何炳棣、谢和耐（Jacque Gernet）、柯文（Paul Cohen）、罗威廉（William Rowe）、罗友枝（Evelyn Rawski）、魏丕信（Pierre Etienne Will）、艾尔曼（Benjamin Elman）、濮德培（Peter Perdue）、曾小萍（Madeline Zelin）、王业键、梁其姿等。

人口行为、劳动生产率、生活水平等方面，差别并不如过去所想象的那么大。用《大分流》中的话来说，在18世纪，欧亚大陆上有一些各种各样的核心区，如中国的长江三角洲、日本的关东平原、西北欧的英国和尼德兰、印度次大陆的古吉拉特等，它们共同拥有某些重要的特征（例如相对自由的市场、普遍的手工业、高度商业化的农业等），而这些特征是其他地区不具备的。这些地区都出现了某种形式的近代经济成长，彼此的经济发展水平在1800年前后也相对来说比较接近。但是自此之后，一个“大分流”出现了，英国以及其他西欧国家走到了前头，而其他地区则落到了后面。像长江三角洲这样的地区，虽然未能出现工业革命，但还是比世界上大部分地区为工业革命所导致的近代经济成长做了更好的准备。

对于江南经济史来说，上述观点使江南经济史研究得以摆脱以往的西欧中心论的束缚，从而避免了把江南的实际削足适履地塞入西欧历史经验的模式之中，为江南经济史研究提供了一种更为宽广的视野。

上述观点的基础，是对中国经济史研究中许多重要问题的研究的新成果，这些成果推翻了以往理论赖以建立的许多前提，并揭示了西方到来之前中国的真实状况。近来的研究已证实，明清中国人口增长并不比同期西北欧人口增长快，由此而言，以往的“清代人口暴增”之说根本不存在；明清中国在技术与制度方面，都出现了重要的进步，劳动生产率也有相当的提高；明清（特别是清代）中国地租和贷款利率大大低于以往所认为的水平，并未成为经济成长的严重障碍；明清（特别是清代）中国人民生活水平有相当的提高，可与当时的西欧富裕国家相比；明清（特别是清代）中国的国家在经济方面扮演的角色，并非都是负面的，在许多方面是积极的；与同时期的西欧相比，明清（特别是清代）中国的人均赋税所在的水平很低；明清（特别是清代）中国人口地域流动和社会流动都在加强，在一些方面比同时期的西欧更加进步；明清（特别是清代）中国国内区域市场之间的联系日益增强，导致了全国市场的出现与发展；等等。[①] 而在所有上述这些方面，江南都表现得比中国其他地区更好。[②]

以这些更加可靠的研究为基础，学界也作出了更加可信的中西比较。一个最新的研究是我与范·赞登（Jan Luiten van Zanden）新近完成的19世纪初期江南与荷兰的经济的比较。[③] 这两个地区都属于近代早期欧亚大陆上经济最发达的地区，直到19世纪，这两个地区的劳动生产率仍然很高。荷兰虽然已经落后于英国，但是其人均GDP依然在世界上名列前茅[④]；而江南也尽管落后于日本，但是其人均GDP也仍旧高于日本之外的任何亚洲地区。

正如德·弗理斯（De Vries）和范·德·伍德（van der Woude）在其《第一个近代经济：荷兰经济的成功、失败与坚持，1500—1815》（*The First Modern Economy：Success，Failure，and Perseverance of the Dutch*

---

① 这方面的工作，可参见加州学派学者的著作，特别是本文所引用到的李中清与王丰、彭慕兰、王国斌等人以及我本人的著作。

② 江南的市场发展情况，我在拙著《中国的早期近代经济——1820年代华亭—娄县地区GDP研究》第2章中已有总结。农业劳动生产率的情况，我在《（清代江南）农民劳动生产率的提高》一文和 *Agricultural Development in the Yangzi Delta，1620—1850* 的第8章中已做了研究，结论是在17世纪中期至19世纪初期，江南农业劳动生产率有明显的提高。关于国家在保护产权、自由流动和契约合同方面的作用，以往有关研究不多，但是近来一些学者在有关问题的研究上已取得重要的成果（例如范金民：《明清商事纠纷与商业诉讼》，南京，南京大学出版社，2007；邱澎生：《当法律遇上经济：明清中国的商业法律》，台北，五南图书出版公司，2008；等等）。从这些成果来看，清代国家（特别是江南的地方政府）是颇关注保护产权、自由流动和契约合同，并在这些方面有所作为的。关于技术与组织问题，在拙著 *Agricultural Development in the Yangzi Delta，1620—1850* 第3章、《江南的早期工业化，1550—1850》第10章以及《“楚材晋用”？——元代中国的水转大纺车与18世纪中期英国的阿克莱水力纺纱机》、《明清江南农业中的肥料问题》、《纺、织分离：明清江南棉纺织业中的劳动分工与生产专业化》等文章中也进行了讨论，指出明清江南在技术和组织方面都有可观的进步。以往学界关于“资本主义萌芽”的大量研究成果，也指出明清江南在生产组织方面有非常值得重视的进步即“资本主义萌芽”。

③ Bozhong Li & Jan Luiten van Zanden，“Before the Great Divergence? Comparing the Yangzi Delta and the Netherlands at the Beginning of the Nineteenth Century”. 但是要说明的是，该文中的江南情况，主要是以我对松江府华亭、娄县两县的研究为基础。

④ Angus Maddison，*The World Economy：A Millennial Perspective*，p. 49.

Economy，*1500—1815*）一书的标题所显示的那样，在 1815 年以前很久，荷兰的经济就已是“近代经济”了。

对于什么是“近代经济”（modern economy），学界一向有不同的理解。德・弗理斯和范・德・伍德的看法是“近代经济”不必具有 20 世纪工业经济的外观，而是包含了那些使得上述外观成为可能的普遍特征。这些特征中最重要者如下：

● 市场：包括商品市场和生产要素（土地、劳动和资本）市场，都相当自由和普遍；

● 农业生产率：足以支持一个复杂的社会结构和职业结构，从而使得意义深远的劳动分工成为可能；

● 国家：其决策和执行都关注产权、自由流动和契约合同，但同时对大多数人民的生活的物质条件则漠不关心；

● 技术与组织：一定水平的技术和组织，能够胜任持续的发展和提供丰富的物质文化以维持市场导向的消费行为。

他们接着指出：在用近代经济概念分析一个历史上的经济并将其与其他的近代经济进行富有成果的比较时，上述特征是很必要的。这些特征可能也存在于其他欧洲国家或者地区，但是荷兰经济由于其所具有的历史延续性和在建立经济近代性方面所处的领先地位，因此可以称为第一个近代经济。在 17 世纪和 18 世纪欧洲，荷兰不仅是欧洲的商品集散地，而且也有最高的全要素生产率。因此之故，麦迪森称荷兰为“领先国家”，最为接近当时欧洲的技术前缘，并为决定这个技术前缘做了最多的贡献。直到 18 世纪末，它的这种地位才被英国取代。①

---

① Jan de Vries & Ad van der Woude，*The First Modern Economy*：*Success*，*Failure*，*and Perseverance of the Dutch Economy*，*1500—1815*，pp. 693-694. 此外，德・弗理斯和范・德・伍德还对造就这个最早的近代经济的主要因素进行了分析，指出在提高生产率的投资、技术与组织的进步、能源供给、对“人力资本”的投资等方面，17 世纪和 18 世纪的荷兰都表现得比大多数欧洲国家出色。

自1400年以来，荷兰经济成长在欧洲一直名列前茅。特别是自1579年从西班牙统治下独立出来之后，荷兰更进入了长达一个世纪的快速经济增长时期，创造出了经济史上的“荷兰奇迹”。史密茨（Jan-Pieter Smits）、德·荣（Herman de Jong）和范·阿克（Bart van Ark）认为17世纪的荷兰在生产率和技术上都是西方世界的领袖①，麦迪森则指出自1400—1700年间，荷兰的人均收入增长领先于欧洲各地，而自1600年至1820年，荷兰的人均收入水平一直是欧洲最高的。② 这个经济发展，使得荷兰经济已转型为“一种近代的、城市的、商业的经济”。然而，与19世纪工业革命之后的近代经济不同，荷兰的近代早期的经济发展仍然是建立在传统技术基础之上的，正如德·弗理斯所说：“从一种国际视野来看，荷兰的经历表明：一种近代的、城市的、商业的经济，依然继续依靠前近代的、农村/农业的技术，以根据其经济环境调节其人口”③。这种依靠前近代技术的近代经济，也就是我在拙著《江南的早期工业化，1550—1850》一书中所说的那种“早期工业化”的经济。

与荷兰相似，自16世纪后期开始，江南经济日益商业化，城市化水平也明显提高。到19世纪初期，江南经济也已发展成为“一种近代的、城市的、商业的经济”④。德·弗理斯和范·德·伍德所归纳出来的“近代经济”的主要特征，在16世纪以来的江南也表现得很明显。由于近代早期江南与荷兰在经济发展方面有众多的相似，因此如果我们同意德·弗理斯和

---

① Jan-Pieter Smits，Herman de Jong & Bart van Ark，*Three Phases of Dutch Economic Growth and Technological Change*，*1815—1997*.

② Angus Maddison，*The World Economy*：*A Millennial Perspective*，p. 77.

③ Jan de Vries，“The Population and Economy of the Pre-industrial Netherlands”.

④ 城市在江南经济中所具有的重要地位，参见李伯重：《工业发展与城市变化：明中叶至清中叶的苏州》，载《清史研究》，2001（3）。商业扮演的作用，则早已为众多学者的研究所证实。这种作用之大，以致“人们可以提出一个悖论性的命题：中国的农村是过度工业化和过度商业化了”（Mark Elvin，*The Pattern of the Chinese Past—A Social and Economic Interpretation*，p. 277）。Elvin（伊懋可）在此引用的史料基本上是江南的，因此他的这个问题也主要是针对江南而言。

范·德·伍德的说法把1500—1815年的荷兰经济称为世界上“第一个近代经济”的话，那么我们也有充分的理由把同时期的江南经济也同样称为世界上最早的近代经济之一。

也正是因为如此，到了19世纪中叶，西欧发达国家人士来到江南时，并未将其视为一个落后的地方。例如1845年法国政府派遣拉萼尼(Lagrené)使团来华，其中有丝织业代表耶德（Isidore Hedde)。他游历苏州之后，称之为“世界最大的都市”，并说：“谚语说：‘上有天堂，下有苏杭’，特别是苏州更是了不起。在那里耀眼的魅惑人的东西应有尽有。物产丰富，气候温和，举凡娱乐、文学、科学、美术的东西无一或缺。这里是高级趣味的工艺和风靡全国的风尚的源泉地。这里一切东西都是可爱的、可惊叹的、优美的、高雅的、难得的美术品。这个都市是江南茶、丝之邦的首府，不仅是美术与风尚的女王，而且是最活跃的工业中心，又是最重要的商业中心、货物集散地。总之一句话，是世间的极乐土，使人深感古来诗人、史家和地理学者之言的确不假”①。这个评语是来自当时西欧发达国家的观察家对江南的直观感受。这种感受表明了江南经济绝非一种与西欧近代经济截然不同的落后经济。

在19世纪初期，江南与西欧先进国家荷兰的经济的相似性如此明显，因此完全有理由说此时的江南经济也是一个“近代经济”。江南和荷兰都未能自行发生工业革命，但是后来荷兰逐渐追赶了上来，而江南在20世纪最后30年也出现了快速的追赶。本文前文所说的江南在经济发展水平方面的“脱亚入欧”或者说与西欧的“大合流”，正是这种追赶的结果。先前的“大分流”，对于解释后来的“大合流”为何会发生，具有重要意义。

---

① ィ. ヘデ:《万物解》。译文采用中国科学院历史研究所翻译组编译的《宫崎市定论文选集》，上卷，233页，北京，商务印书馆，1963。

五、从昔日的“大分流”到今日“大合流”

如前所述，在江南与西欧之间，在经济发展水平方面，三个世纪以前出现了“大分流”，而今天则又出现了“大合流”。要把这个“大分流”和“大合流”联系起来，关键是说明什么是近代经济成长。

关于历史上的经济成长方式的主要种类和变化，费维恺从理论上作了总结。他认为历史上的经济成长方式，主要有广泛性成长（extensive growth)、斯密成长（the Smithian growth）和库兹涅茨成长（growth a la Kuznetz 或 the Kuznetsian growth）三种。广泛性成长是近代以前主要的经济成长方式；斯密成长发生在工业革命以前的近代早期，而库兹涅茨成长则是工业革命的产物。就中国历史上的情况而言，广泛性成长是宋代以前的主要经济成长方式，斯密成长出现于宋代，但到明清时期才得到较为充分的发展；至于库兹涅茨成长，则是到 19 世纪后期才在中国少数地区开始出现。①

在中国的经济成长方式由广泛性成长向斯密成长转变的过程中，江南走在最前面。国内大多数明清经济史学者都认为到了明代后期江南出现了资本主义萌芽。尽管我对“资本主义萌芽”理论持保留态度，但是也同意“资本主义萌芽”学派的一个重要观点，即江南经济在明代后期（大体上是嘉靖中期到崇祯初期）出现了一系列由商业化推动的重要的变化。② 商业

---

① Albert Feuerwerker，“Presidential Address：Questions about China's Early Modern Economic History that I Wish I Could Answer”，并参阅［美］王国斌：《转变的中国：历史变迁与欧洲经验的局限》，第 1 章。

② 大多数学者都同意这些变化是由于商品经济的发展所引起的，同时又进一步促进了商品经济的发展。黄宗智则将这种发展称为是一种由商业化所驱动的经济发展，见黄氏：*The Peasant Family and Rural Development in the Yangzi Delta*，*1350—1988*。

化推动的经济发展，正是斯密成长。[1] 斯密成长的动力是劳动分工和生产专业化（包括生产过程的分工与专业化，以及生产的地域分工与专业化），而这种分工与专业化一直要到明代后期在江南才变得比较明显，而且成为此后江南经济发展的主要动力。换言之，只有到了此时，斯密成长才成为江南经济成长的主要方式。

斯密成长和库兹涅茨成长这两种近代经济成长方式之间的关系颇为复杂。

第一，这两种经济成长都属于近代经济成长。在上述三种经济成长方式中，广泛性成长是外延性扩大，主要通过同类型生产单位（例如农户）数量的增加，因此只有经济总量增加而无劳动生产率的提高；而斯密成长和库兹涅茨成长都有内涵性扩大，不仅有总量的增加，而且还有劳动生产率的提高。因此斯密成长和库兹涅茨成长都属于近代经济成长方式。[2]

第二，虽然斯密成长和库兹涅茨成长都属于近代经济成长，但是二者之间存在一道巨大的鸿沟。斯密成长依赖的是近代以前的和农村为主的机制和技术，主要由劳动分工和专业化推动。而库兹涅茨成长则建立在急剧的结构变化、制度创新和新技术的持续发展与使用的基础之上。由于这两种成长方式在上述方面存在巨大的差异，所以许多学者不承认以斯密成长为动力的经济也是近代经济。

第三，由斯密成长所导致的早期的近代经济不会自发地引起工业革命，因为工业革命只能由库兹涅茨成长导致。古典经济学家所谈的那种早期的

---

① 依照“资本主义萌芽”理论，由于资本主义生产方式以分工和专业化为基础，因此资本主义萌芽在江南的出现与发展，也体现了分工与专业化正在逐渐成为江南经济发展的主要推动力量。而以分工和专业化为动力的经济成长，就是所谓斯密成长。

② 见前引德·弗理斯（De Vries）“The Population and Economy of the Pre-industrial Netherlands”中所作的关于近代早期荷兰经济的论断。

近代经济成长与工业革命所导致的近代经济增长之间，并无必然的联系。①即使是英国，如果没有另外的条件，亚当·斯密时代的工业发展也并不会导致近代工业化。因为斯密成长和库兹涅茨成长这两种近代经济成长之间无必然联系，因此并非所有经历了斯密成长的地区都会出现库兹涅茨成长，反过来说，一个地区没有出现库兹涅茨成长，但却可能成功地经历了斯密成长。

第四，从历史上来看，库兹涅茨成长首先出现于英国，尔后传播到西欧其他地方和北美，资本主义也同时在这些地方发展起来。而在西欧（及北美）以外的一些地区，经济发展一直是斯密成长，但是并未有资本主义相伴，江南就属于这样的地区。库兹涅茨成长和资本主义相结合的分析架构，在研究江南经济史方面并无很大意义，因为在江南，库兹涅茨成长和真正的资本主义是很迟才从外部引进的。

然而，尽管斯密成长和库兹涅茨成长这两种近代经济成长之间没有必然的联系，但是它们之间仍然有某些关联，因为二者都属于近代经济成长。某些“经济近代性”（economic modernity）同样存在于这两种近代经济中。从近来的研究中，我们可以看到这些“经济现代性”表现在许多重要的方面。这里，姑列举市场、人力资源、经济结构等几个方面以言之。

第一，斯密成长将会导致一个整合的和功能完好的全国市场，而这个市场对于库兹涅茨成长也具有极为重要的意义，因为库兹涅茨成长只能在发达的市场经济条件下才能出现和发展。在中国，这个全国市场开始出现于16世纪中期，在以后的两个世纪中有很大发展，到19世纪中期，已发

---

① 雷格莱（Edward Anthony Wrigley）指出：“古典经济学家生活的世界，是一个有限的世界。在那个世界中的经济成长道路，若用一种成功的经济来描画，充其量只是一条渐近线。它决不表现为幂的形式，因为幂的形式已成为那些经历了工业革命的经济的标志”（E. A. Wrigley，“The Limits to Growth：Malthus and the Classical Economists”）。因此古典经济学家所谈的那种经济增长与近代经济增长之间，并无必然的联系（E. A. Wrigley，*Continuity*，*Chance and Change*：*The Character of the Industrial Revolution in England*，p. 115）。

展为世界上规模最大、运作良好的全国市场。在这个巨大的市场中，江南处于中心地位，从而也从中受惠最大。[①] 斯密成长的主要动力来自劳动分工和专业化的推动，而劳动分工和专业化又只能在良好的市场环境中才能充分发展。[②] 这就部分地解释了为什么在19世纪中叶西方到来之前的三个世纪中，中国经济表现良好[③]，而江南更能在中国各地区中独领风骚。

第二，在西欧的斯密成长时期，发生了“勤奋革命”（the industrious revolution）。这个革命创造了一支勤劳苦干、容易培训和遵守纪律的劳动力大军，以及一大批具有事业心的企业家、专业人才以及精明的商人。这也正是库兹涅茨成长必需的人力资源。中国人本有刻苦耐劳、重视教育的传统和商业才能，这都是近代经济成长所需要的人力资源的特点。[④] 而在中国各地区中，江南一向以其人力资源之优良而著称。到了近代早期，江南的人力资源更是在整个东亚也属于最优秀之列。[⑤]

第三，斯密成长会导致一个工业和服务业占重要地位的经济，而广泛性成长却只会导致一个农业占压倒优势的经济。库兹涅茨成长是以工业和服务业为主的经济，因此很难直接从一个农业经济中脱胎而出。而如我近来的研究所证实的那样，江南在19世纪中期以前就已是一个工业和服务业占主要的经济了。[⑥]

这些近代性因素，虽然并不能导致从斯密成长向库兹涅茨成长的转变，

---

① Bozhong Li，“The Formation of China's National Market，1500—1840”.

② 参见［美］王国斌：《转变的中国：历史变迁与欧洲经验的局限》，第2章。

③ Angus Maddison，*Chinese Economic Performance in the Long Run*，p. 44，Table 2. 2a，Table 2. 2b.

④ 柏金斯说：中国人勤劳苦干、易于训练，而且拥有参与商业经济的经验。一旦近代经济成长到了，他们所具有的许多价值观和美德都为这个成长做好了准备。所有这些近代经济成长都处于他们在一个复杂的前近代社会中的经历。Dwight Perkins，ed，*China's Modern Economy in Historical Perspective*，p. 7.

⑤ 李伯重：《江南的早期工业化，1550—1850》，第9章。

⑥ 李伯重：《中国的早期近代经济——1820年代华亭—娄县地区GDP研究》，第13章。

但是如果这种转变真的出现，它们却可以发挥很重要的作用。与欧亚大陆（包括中国自身在内）的其他许多地区相比，江南在上述方面享有明显的优势。这种优势使得江南一旦得到适当的机会，就比其他许多地区更加容易出现库兹涅茨成长。

那么，为什么江南在近代早期没有出现库兹涅茨成长呢？上面已经说得很清楚，斯密成长和库兹涅茨成长之间并无必然联系。由于库兹涅茨成长建立在急剧的结构变化、制度创新和新技术的持续发展与使用的基础之上，因此所需要的条件也与主要依赖近代以前的和农村为主的机制和技术的斯密成长有很大的不同。库兹涅茨成长的必需条件很多，本文不能一一列举出来。这里仅只提出其中之一，即能源和金属矿物。能源和金属矿物对于库兹涅茨成长至为关键，以致雷格莱（Edward Anthony Wrigley）认为“近代工业化是一个从发达的有机经济向以矿物为基础的经济的转变过程”①。但是在近代早期的江南，能源和金属矿物极为匮乏，仅仅这一点，就使得在近代早期的江南并不具备出现库兹涅茨成长必须具备的基本要素，因此江南出现库兹涅茨成长是不可能的。

然而，如果这些要素一旦获得，经历了充分的斯密型近代经济成长的江南，比未经历过同样成长的其他地区，当然更加容易出现库兹涅茨成长。这种可能性自 19 世纪后期以来逐渐变为现实。江南经历了几个世纪的斯密成长，这个经历留给我们的丰厚遗产，是中国其他任何地区乃至欧亚大陆大多数地区所无法相比的。这就是为何自 19 世纪中期以来，在近代工业化方面，江南比中国其他所有地区以及欧亚大陆其他大多数地区表现更为出色的主要原因之一。

在世界的经济近代化的实际过程中，这种经济近代性对于后发国家或

---

① 雷格莱认为以“有机经济”为基础的近代早期的经济发展和以矿物能源为基础的近代工业化，是以不同的内在逻辑运作的（E. A. Wrigley，“The Limits to Growth：Malthus and the Classical Economists”）。

地区具有重大意义。如果其他因素具备，一个斯密成长充分的经济转变为库兹涅茨成长相对比较容易。

斯密成长与库兹涅茨成长这两种近代经济成长方式之间的复杂关系，部分地解释了为什么自19世纪后期近代技术与制度从西方传入后，江南在经济近代化方面表现得比世界上大多数非西方地区更好。江南本身从以前长期发展中建立起来的基础，使得江南比其他地区具有一种特别的优势，从而为以近代工业化为特征的近代经济发展做了更好的准备，从而也获得更大的成功。[①] 这也解释了江南与西欧经济在19世纪初期以后的“大分流”以及近来的“大合流”。从此而言，我们可以确信“大分流”史观对于江南经济史研究确实非常重要，同时江南经济史研究对于“大分流”史观也至为关键。

在中国所有地区中，江南为近代经济成长所作的准备最为充分。这种柏金斯所说的“经验与复杂的组织和制度的预先积累”（prior-accumulation of experience with complex organizations or institutions），在19世纪中期西方到来之前的中国已经进行了很久，形成了坚实的传统，以后长期的战争、内战、国内动乱乃至1949年以后一系列激进的“左”的政策，虽然严重地破坏了这个传统，但是未能摧毁之。而在江南，这个传统最为深厚，成为1979年以后（特别是1992年以后）的经济起飞的主要基础之一。

六、结论：从新的视野出发研究近代早期的江南经济

本文所得出的结论是，为了正确认识今天的江南经济奇迹，就必须真

---

① 在1933年，长江下游的江浙两省，人口占全国人口的12%，农业产量则占全国的15%，手工业占35%，近代工业占57%，财政收入占65%，而近代设施和服务占45%，综合而言，其国内生产净值（NDP）占全国的20%，人均NDP则为全国平均数的1.64倍（见Debin Ma，“Modern Economic Growth in the Lower Yangzi in 1911—1937：A Quantitative，Historical and Institutional Analysis”）。

正认识江南经济在长期的历史经历中所创造的历史基础；而要真正认识江南经济的过去，关键是正确认识江南在西方到来之间的经济状况；而要正确认识江南在西方到来之间的经济状况，又必须抛弃西方中心论，从新的视野出发研究近代早期江南经济史。这对于改进我们关于西方到来之前中国“传统”经济的看法具有重要意义。

自鸦片战争以来，先进的中国人逐渐认识到要救国，只有向西方学习，仿效西方，进行变法、维新乃至革命，“脱亚入欧”，建立一个西方式的近代国家，发展西方式的近代经济，把中国改造成为一个西方式的近代社会。马克思主义从俄国传入后，中国共产党人“以俄为师”，努力学苏联，力图把中国建成苏联式的近代社会。① 在这个学西方和学苏联的过程中，中国人也逐渐接受了当时西方和苏联盛行的西方中心论，把中国自己的过去看得一片黑暗。由于这种以西方中心论为基础的“近（现）代人对过去的傲慢与偏见”盛行，“传统”一向被当作陈旧、过时和落伍的代名词。这种对传统的蔑视和敌视，到了“文化大革命”时达到顶峰，被冠以“四旧”之

---

① 毛泽东在《论人民民主专政》中，对这段历史作了如下描绘：“自从一八四〇年鸦片战争失败那时起，先进的中国人，经过千辛万苦，向西方国家寻找真理。洪秀全、康有为、严复和孙中山，代表了在中国共产党出世以前向西方寻找真理的一派人物。那时，求进步的中国人，只要是西方的新道理，什么书也看。向日本、英国、美国、法国、德国派遣留学生之多，达到了惊人的程度。国内废科举，兴学校，好像雨后春笋，努力学习西方。……要救国，只有维新，要维新，只有学外国。那时的外国只有西方资本主义国家是进步的，它们成功地建设了资产阶级的现代国家。日本人向西方学习有成效，中国人也想向日本人学。在那时的中国人看来，俄国是落后的，很少人想学俄国。这就是十九世纪四十年代至二十世纪初期中国人学习外国的情形。帝国主义的侵略打破了中国人学西方的迷梦。很奇怪，为什么先生老是侵略学生呢？中国人向西方学得很不少，但是行不通，理想总是不能实现。多次奋斗，包括辛亥革命那样全国规模的运动，都失败了。国家的情况一天一天坏，环境迫使人们活不下去。怀疑产生了，增长了，发展了。第一次世界大战震动了全世界。俄国人举行了十月革命，创立了世界上第一个社会主义国家。……这时，也只是在这时，中国人从思想到生活，才出现了一个崭新的时期。……十月革命一声炮响，给我们送来了马克思列宁主义。十月革命帮助了全世界的也帮助了中国的先进分子，用无产阶级的宇宙观作为观察国家命运的工具，重新考虑自己的问题。走俄国人的路——这就是结论。”（《毛泽东选集》，第2版，第4卷，1469页，北京，人民出版社，1991）

名而尽力铲除。[①] 但是历史是割不断的，正如马克思所言："人们自己创造自己的历史，但是他们并不是随心所欲地创造，并不是在他们自己选定的条件下创造，而是在直接碰到的、既定的、从过去承继下来的条件下创造。"[②] 全盘否定中国历史所创造出来传统的结果，只能是形形色色的西方中心论和民族虚无主义的盛行。就江南经济史研究而言，这些错误的看法导致了前述近代早期江南经济停滞落后、与近代经济发展无缘的结论。

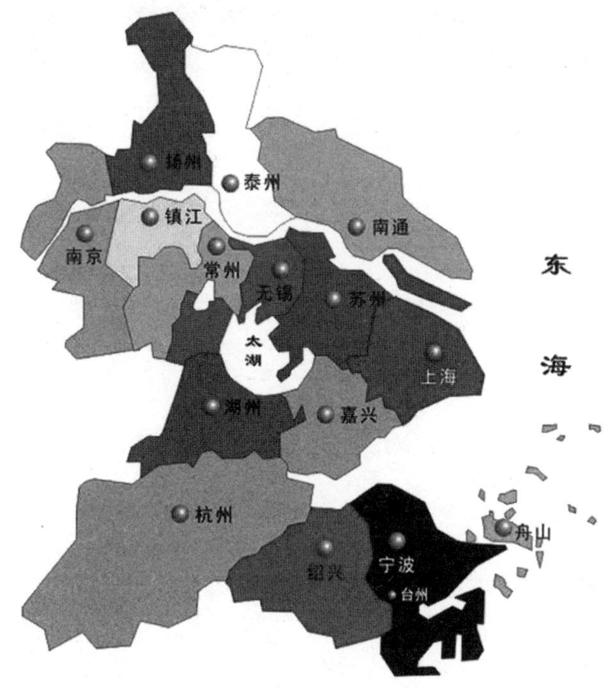

今日长江三角洲的地域范围

① 1966年6月1日，《人民日报》发表社论《横扫一切牛鬼蛇神》，提出"破除几千年来一切剥削阶级所造成的毒害人民的旧思想、旧文化、旧风俗、旧习惯"的口号。1966年8月8日，中共中央在毛泽东主持下召开八届十一中全会，通过《关于无产阶级文化大革命的决定》（即《十六条》），又明确规定"破四旧"是"文化大革命"的重要目标。

② 马克思：《路易·波拿巴的雾月十八日》，见《马克思恩格斯选集》，2版，第1卷，585页。

近年来国际经济史研究中的一个热点，是如何用新的眼光来看工业化以前（pre-industrial）的经济。[①] 随着对西欧中心论的批判的深入，我们过去对近代早期中国社会经济的许多看法也应当改变。当然，要做改变，就需要克服巴勒克拉夫所指出的史学家的“根深蒂固的心理障碍”，不能“只满足于依靠继承下来的资本，继续使用陈旧的机器。这些机器尽管低于现代最先进的标准，却仍然能够使企业在尽可能少地追加资本的前提下，提供一定数量的拥有现成市场的老牌传统产品”[②]。我们需要为社会提供关于中国过去的经济表现的尽可能正确的知识，这也是中国经济史学者们义不容辞的任务。

① 在此方面，最具概括性的文章为 Jack Goldstone 的“Efflorescences and Economic Growth in World History：Rethinking the ‘Rise of the West’ and the Industrial Revolution”。

② ［英］巴勒克拉夫：《当代史学主要趋势》，327、330～332 页。

学风编

什么是学术与学术标准

论学术与学术标准*

一、我国学术现状堪忧

中国最近25年来的高速经济成长，在世界经济史上罕有其匹，因此被柏金斯称为世界历史上最伟大的经济奇迹。① 与这个经济奇迹相并，我国学术在这25年中也出现了空前繁荣。从事学术工作的人员和出版的学术著作之多，都史无前例；学术领域之开阔，学术空气之活跃，也是中国现代史上少见的。但是在看到成就的同时，我们也不能不清楚地看到这一时期中所暴露出的各种问题。由于这些问题，使得我们难以对我国学术的前景保持乐观。这里即以文科方面的情况言之。

在过去25年中，我国出版的文科学术著作数量惊人，堪称世界大国。兹以中国文学史为例，据牛文怡统计，我国到目前为止已出版1 600余部，并且还在以每年十余部的高速产出。② 在史学方面，据李华瑞统计，近50年来刊出的宋史研究论著总数多达1.5万篇，而其中绝大部分刊出在这25年中。但是与这种数量剧增相伴的，却并非质量的提高。例如据李氏估计，

---

* 本文刊于《社会科学论坛》，2005（3），收入教育部社政司编《学术规范与学风建设论坛》（北京，高等教育出版社，2005），简本《提高学术水平，须先理解何为学术》，载《光明日报》，2005-08-04。

① Dwight Perkins，*China*：*Asia's Next Economic Giant*?.

② 参见牛文怡：《1 600部文学史背后的忧思》，载《新京报》，2004-12-15。

在1.5万篇宋史论文中，有三分之一到二分之一是完全没有学术价值的废品，余下的到底有多少具有较高的学术价值也很难说。[①] 但是比起那些热门学科，文学史和史学的情况似乎还不算最差。例如在经济学方面，我国每年推出的经济学论著数以万计。国外不少著名经济学家（如诺贝尔奖得主保罗·萨缪尔森等）都认为中国今日的经济奇迹为经济学的发展提供了绝好的素材，期待由此导致经济学的重大突破。但是事实是我国经济学研究的学术水准距离国际学术标准遥遥无际。[②] 在此情况下，想要进入国际学术主流实在很难。至于成为世界一流，恐怕是更没有可能的。中国经济学家要获取诺贝尔奖看来只是梦想。[③]

我国学术著作质量不佳，声誉日渐低落，我们也能够直接感受到。一位多年来一直积极关注国内学术动向的国外学者说，除了少数几位他们信得过的学者的著作之外，他们如今基本上不再阅读国内学者的著作了。这使我不禁想起前些年“倒爷”们将国内出产的伪劣产品大量运销俄罗斯，结果搞得该国一些城市的商店在门上贴出布告，宣布“本店不售中国产品”。我国学者写的学术著作今天越来越被国际学界视为假冒伪劣而不屑一顾，令我们感到汗颜和悲哀。就此而言，我们中国学者实在有愧于我们的时代。

二、学术风气、学术标准与学术质量

学术成果质量不高的原因很多，其中主要者之一，是我国一直未能形

---

① 李华瑞在2004年6月教育部社政司与杭州师范学院联合举办的学风建设会议上的讲话。

② 近十年前，林毅夫曾指出：我国经济学界每年发表的论著可谓不少，但迄今为止国内的经济学研究在国际上尚未得到多少承认（参见林毅夫：《本土化、规范化、国际化》，载《经济研究》，1995（10））。但是从那时以来，情况如果不说更差，也是未见好转。

③ 诺贝尔奖评选委员会前主席阿萨尔·林德贝克教授说，中国的经济学学术研究，在西方没有几个人知道，中国经济学家处于一个隔离的社区，远离主流，远离国际的学术研究社区。摘自《21世纪经济报道》，2001-12-17。

成良好的学术风气，建立起真正的学术标准，因此当然就不会有高水准的学术成果。

早在20世纪之初，康有为就已痛心疾首地指出："中国学风之坏，至本朝而极，而距今十年前，又末流也。学者一无所志，一无所知，惟利禄之是慕，惟帖括之是学"①。在1920年代和1930年代，我国曾经出现过一个短暂的学术兴盛时期，出现了一批著名学者和高质量的学术著作。但是无论在自然科学、社会科学还是人文学方面，这都只是刚刚开始，因此获得的成果依照陈寅恪的总结，可用古话的"慰情聊胜无"来形容。② 更严重的是，这个学术建设时期好景不长，中国很快又陷于战乱。在"中国之大，放不下一张平静的书桌"的时候，要谈学术建设当然是不现实的。1949年以后，我国百废待兴，建立学术标准似非当务之急，而且学术研究受到多方面的干扰，所以在建立学术标准和学术风气方面进展有限。到了1957年，傅鹰直率地指出："学校里至今没有建立起学术风气"③。尔后政治运动不断，学术建设当然也谈不上了。到了"文化大革命"，学术更遭到灭顶之灾，原先残存的一点点学术风气也荡然无存。1979年以后，中国的学术建设是从一片浩劫之余的废墟上开始的。这个建设开始未久，又遇到新的问题。到了90年代，随着社会风气的转变，蒙在学术之上的光环逐渐褪去，学术越来越变成牟利的手段。在学术风气、学术标准没有确立的情况下，这个转变加剧了学界生态的恶化，以致到了今天，我们不得不非常严肃地面对这个问题。

也正因为缺乏学术风气和学术标准，所以今天我国才会出现类似1958年"大炼钢铁"那样的"全民学术"景观。撰写"学术"著作，变得人人

---

① 梁启超：《南海康先生传》。

② 参见陈寅恪：《吾国学术之现状及清华之职责》，见陈寅恪：《金明馆丛稿》二编。

③ 有人认为这是右派言论，但毛泽东说这样的批评是善良的，基本上是诚恳的。以上均见于胡平：《禅机：1957年苦难的祭坛》，366页，广州，广东旅游出版社，1998。

可为，处处可为，时时可为，事事可为。大学里三十多岁的年轻教师，已是著作等身。甚至连在校研究生，本来按理说应当是全力以赴学习，恐怕还嫌时间不够，但按照现在的明文规定，也要在国内“核心学术刊物”上发表篇数不等的学术论文，方能够毕业。此举在全世界大学（至少是一流大学中）可谓绝无仅有，堪称中国特色。但是这种盛况之后，又是一种什么情况呢？

平心而论，在国内学术论著中，虽然抄袭作假尚只能说是少数，但是说大多数作品是平庸之作，却是不争的事实。在这些铺天盖地的平庸之作中，不少还被冠以不同级别的“精品”之名，流行社会，并为当事人带来巨大的实惠。由此可见，到了今天，甚至连许多“精品”都已如此，遑论一般作品！

在严肃的学者眼中，著书立说是一件非常艰辛的工作。在1958年“大跃进”时期，侯外庐对那些头脑发热、以为写书也可“大跃进”的年轻人说：“写书是个科学研究的细致工程。既然是科学研究，就要有个艰苦的科研过程。倘若忽视这个过程，必然要吃苦头，要付出代价。……你们这次大跃进写书，热情很高，就是缺乏科学研究过程，即从搜集资料、研证资料到科研课题的提出，再从认真阅读资料到课题写作提纲的产生，再从事研究和写作，直到修改发表。这个繁杂艰巨的研究过程，也是一个从具体到抽象的理论思维过程。这都必须亲自经历磨炼，一遍、二遍、三遍……这样才能成长起来”①。

正是由于撰写学术著作如此艰难，因此在美国，文科的名教授一辈子通常也就是两三本书而已。“十年磨一剑”是常见的事。有人曾对我说：在最近十年中，国际哲学界公认的最佳著作是哈佛哲学系教授罗尔斯（John Rawls）的《正义论》（*A Theory of Justice*）。罗氏写这本书用了十年以上

---

① 中国社会科学院历史研究所编：《求真务实五十载：历史研究所同仁述往，1954—2004》，73页，北京，中国社会科学出版社，2004。

的时间，而在这段时期中，他没有发表过一篇文章。而在这“没有成果”的十年中，他的待遇完全没有受到影响。因此我不禁想，像罗氏这样的大家，如果是在当今我们的大学里，拿现行“量化”学术标准一考核，肯定要下岗，也肯定不会有《正义论》这样的威震世界学坛十年的精品了。

写书之所以艰难如此，唯一的原因是作者对自己的成果有一个高要求，而这个高要求又是建立在以良好的学术风气为基础的学术标准之上的。因此我们可以说，只有确立了良好的学术风气和学术标准，才会有高质量的学术成果。

三、什么是学术

要建立良好的学术风气和学术标准，首先就要弄清什么是学术。那么，到底什么是学术呢？

“学术”一词，我国久已有之。《辞海》（1999 年版）在解释“学术”一词时，举《旧唐书》卷九十八《杜暹传》中的“（杜暹）素无学术，每当朝议论，涉于浅近”为例，然后将此定义为“较为专门、有系统的学问”。但是，这只是一个泛泛而论的定义，与我们现在讨论的“学术”有颇大差距。

现代意义上的“学术”一词，直到 19 世纪末 20 世纪初，我国学者似乎还尚未使用。那个时代的许多学者，还是把“学”与“术”二字分开来使用的。例如严复说：“盖学与术异，学者考自然之理，立必然之例；术者据既知之理，求可求之功。学主知，术主行”①。梁启超说：“学者术之体，术者学之用”，“夫学也者，观察事物而发明其真理者也；术也者，取所发明之真理而致诸用者也。应用此真理以驾驶船舶，则航海术也；研究人体之组织，辨别各器官之机能，此生理学也；应用此真理以疗治疾病，则医

① 严复：《〈原富〉按语》，见《严复集》，第 4 册，北京，中华书局，1986。

术也。学与术之区分及其相关系，凡百皆准此”[①]。从他们的话里可以清楚地看出，当时所说的“学术”包括“学”与“术”两个差异甚大的概念，因此我们难以由此得到一个明晰的“学术”的概念。不过应当指出的是，虽然他们还没有使用“学术”一词，但是他们所说的那种与“术”相对的“学”，其含义实际上已很接近我们现在所讨论的“学术”了。

我们今日所谈的“学术”这一概念，实际上是从西方引进的。而在西方，学术一词包含的意思并不只是“较为专门、有系统的学问”。在英语里，学术一词的关键是academic，今天的几种通行的解释如下：

《牛津高阶英汉双解词典》（*Oxford Advanced Learner's English-Chinese Dictionary*）（1989年版）：（1）of（teaching or learning in）schools，colleges，etc.（学校的，学院的）；（2）scholarly，not technical or practical（学者式的，非技术的或实用的）；（3）of theoretical interest only（仅注重理论的，学术的）。

《剑桥国际英语词典》（*Cambridge International Dictionary of English*）（1995年版）：relating to schools，colleges and universities，or connected with studying and thinking，not with practical skills（与学校、学院、大学有关的，或者与学习和思考有联系的，但与实用技能无关）。

《美国传统词典》（*The American Heritage Dictionary*）的解释更为全面：（1）of，relating to，or characteristic of a school，especially one of higher learning（学校的、与学校有关的或具有学校特征的，尤指是具有较高学识的学校）；（2）relating to studies that are liberal or classical rather than technical or vocational（与自由的或古典文化的研究有关的，而非与技术或职业性的研究有关的）；（3）scholarly to the point of being unaware of the outside world（除学术方面以外对外界毫无知觉的）；（4）based on for-

① 梁启超：《学与术》，见《饮冰室文集》，第3集。

mal education（以正规教育为基础的）；（5）theoretical or speculative without a practical purpose or intention（纯粹理论的或推理的，无实际目的或意图的）；（6）having no practical purpose or use（没有实际目的或用途的）。

这些对“学术”的解释有两个主要的共同特点，（1）与学院有关，（2）非实用性。学术的这种特点，从一开始就已很明显。academic 一词，本源于 academy（柏拉图创建的高等教育学校，Plato’s school for advanced education），而在这种学校里，人们“探索哲理只是为想脱出愚蠢，显然，他们为求知而从事学术，并无任何实用的目的”[①]。因此，所谓学术工作，就是由受过正规教育并在大学中工作的学者所进行的非实用性的研究工作。在欧洲的传统中，学术是由受过专业训练的人在具备专业条件的环境中进行非实用性的探索。

为什么西方人在界定学术一词时要强调上述特点呢？原因主要有二：

首先，学术与学院有密切关系，是因为在一个分工发达的社会中，进行学术研究并非人人可为、处处可为，而是只有受过专门训练并在专门的环境中才能进行。正因为如此，美国的大学有研究型大学（research university）和教学型学院（teaching college）之分。在后一类中，并不要求教师进行学术研究，尽管这些教师都是经过正规训练的。即使是在前一类大学中，也只有一部分教师才具有进行学术研究的资格并拥有相应的学术职位——教授。许多在我国大学里有教授职称的人员（如承担公共外语、体育、艺术教育等教学工作的教师，学报资深编辑，实验室工程师等），在美国都不能进入教授之列。

其次，学术不能追求实用，原因即如梁启超所言，倘若“不以学问为目的而以为手段”，则动机高尚者，固然会以学问为变法改制的工具，但是

---

① 亚里士多德：《形而上学》，5页，北京，商务印书馆，1981。

动机低下者，则亦会以学问为博取功名的敲门砖，“过时则抛之而已”。不论哪一种做法，都会导致学者将其关注的焦点转移到学问本身之外，从而使得研究离开学术。因此，他大声疾呼：“学问之为物，实应离‘致用’之意味而独立”，“就纯粹的学者之见地论之，只当问成为学不成为学，不必问有用与无用，非如此则学问不能独立，不能发达”，学者应当以学问为重，“断不以学问供学问以外之手段”①。也正是因为这个原因，王国维说：“学术之发达，存在于其独立而已”②。陈寅恪也说：“吾国大学之职责，在本国学术之独立，此今日之公论也”③。

因此，可以借用在过去几十年中我国被批得很厉害的术语来说，学术就是学者在“象牙塔”中进行的“为学术而学术”的“纯学术”探索工作。因此在任何一个社会中，能够从事学术研究的只是很少人。

这里要说明的一点是，虽然做学术是少数人的事，但是少数人做的事并不意味着这种工作高人一等。在一个分工发达的社会中，每种工作都是社会必不可缺的，因此三百六十行，行行皆“上品”，绝非“万般皆下品，唯有学术高”。同时，由于每种工作都有自身规律，探索这些规律都要认真研究，因此绝非学术之外的研究工作都不算研究。由于任何工作中的研究只要做得好，都是成就，正如古话所说行行俱可出状元。所以我们不必把各种不同的研究，一律冠上“学术”的头衔。也正是因为如此，比尔·盖茨的发明虽然改变了世界，但由于他的工作不是纯学理的探讨，在西方无人称之为学术成就。

四、我国的学术传统

如前所言，我国在20世纪一直未能建立起真正的学术标准。推其原

---

① 《梁启超论清学史二种》，40、80、86页，上海，复旦大学出版社，1985。

② 王国维：《论近年之学术界》，见《王国维遗书》，第5卷。

③ 陈寅恪：《吾国学术之现状及清华之职责》，见陈寅恪：《金明馆丛稿》二编。

因，既有属于学术之外者，也有属于学术自身者。

在我国历史上，20 世纪是一个充满剧烈社会动荡的时期，这种大环境使得“象牙塔”无法存在，因此是我国学术建设成就未彰的外部原因。这一点不说自明，毋庸赘言。但与此同时，我们也要看到：我国传统治学方式的特点，也是我们今天未能建立起真正的学术标准的重要内部原因。

我国治学传统的主流，是为致用而治学。指导我国古代知识分子治学的主要理念是儒家“修齐治平”的古训，或者说是“先天下之忧而忧，后天下之乐而乐”的崇高志向。其治学成就的典范是《资治通鉴》这样为经世济民提供指导的著作。治学为现实服务，这是中国古代知识分子的优良传统，但是这种以实用为目的的治学态度与学术本身的特点二者之间，却有颇大的距离。许倬云指出：在古代，“在中国知识分子中，没有以研究与追求知识为目的的学者。读书人读圣贤书是要‘为生民立命，为万世开太平’。中国知识分子不以求知识为做学问的目标。西欧的知识分子则是另一类型。教士求学问的目的是尊德性与道问学不分。教士之外，还有一批专业教书的‘教书匠’，他们与木匠、石匠一样构成专业团体。一大群教书匠联合为一家大学，以传授知识为职业。知识是会增长的，于是教书匠也必须兼办专业研究。教书匠的工作是追寻、累积与传授知识”①。换言之，西方知识分子的传统是单纯地追寻知识，即“为学术而学术”；而中国知识分子的传统是“学以致用”，即用所学来“经世济民”。

许氏这一看法与梁启超、王国维诸前贤的看法一脉相承。梁氏早在 20 世纪初，就批评中国学者治学的问题在于“不以学问为目的而以为手段”。王国维则指出“学之义广矣，古人所谓学，兼知行言之，今专以知言”。亦即古代的学术包括实用的学问，而现代的学术不包括实用的学问。因此他

① 许倬云：《中国文化的发展过程》，34 页。

强调为了发展学术，“吾国今日之学术界，一面当破中外之见，而一面毋以为政论之手段，则庶可有发达之日欤?”①

为“致用”而治学（即学以致用），从一方面来说是一件好事。但是从另外一方面来说，这也未尝不是我国治学传统中的一个弱点。学术探索是非常艰苦的工作，需要从事这项工作的人自觉地接受严格的专业训练（哪怕是通过自学的方式），争取具有必要的专业条件的环境，“两耳不闻窗外事”，不以求利为目标，排除干扰，全力以赴地投入研究，才有可能作出真正的学术成果。过分注重知识的功利性，必然影响到对抽象学理的追求。人的聪明才智是有限的，如果一个人作学术不能全力以赴，那么在真正的学术竞争中自然也就不会有位置。更何况有些人本来就是把学术当作敲门砖，作为争取功名利禄的手段，对于他们来说，要想作出可以称为学术成果的东西，恐怕是不可能的。这种为“致用”而治学的风气发展到极端，就是“文化大革命”中大力倡导的“活学活用，急用先学，立竿见影”的学风。而在这种学风下，自然也就没有什么学术可言了。

当然，学理和实用并非截然分离，为“致用”而治学和为学术而学术之间也没有价值判断上的高下之分。朱光潜指出：“学术原来有实用，以前人研究学术也大半因为他有实用。但人类思想逐渐发达，新机逐渐呈露，好奇心也一天强似一天，科学哲学都超过实用的目标，向求真理的路途去走了。真理固然有用，但纵使无用，科学家哲学家也决不会就因此袖手吃闲饭。精密说起来，好奇与求知是人类天性，穿衣吃饭为餍足自然的要求，求学术真理也不过为餍足自然的要求。谁能说这个有实用，那个就没有实用呢？我们倘若要对于学术有所贡献，我们要趁早培养爱真理的精神，把实用主义放在第二层上”②。实用主义并非坏事，但是在实用主义的驱动下，肯定是无法作出第一流的学术的。明显的例子是爱因斯坦与比尔·盖

---

① 王国维：《论近年之学术界》，见《王国维遗书》，第 5 卷。

② 朱光潜：《怎样改造学术界》，见《朱光潜全集》，第 8 卷，合肥，安徽教育出版社，1993。

茨。当爱因斯坦的狭义相对论发表时，全世界只有12个人看得懂，到了今天也很难说这个理论带来什么具体的“经济效益”。但是这却是20世纪最伟大的学术成就。相反，比尔·盖茨的发明改变了20世纪的世界，为人类带来了巨大的实用利益，但在西方却无人将其视为学术成就。

这里要说一句，“为学术而学术”的“纯学术”，在我国古代也并非没有。尤其值得强调的是，到了清代，乾嘉学派将此发展到了很高的水平。乾嘉学派与西方近代兴起的兰克学派在治学理念和方法上都有颇大的相似性。① 因此即使以近代西方的标准而言，乾嘉学术也是一种真正的学术。由于乾嘉学派的巨大影响，乾嘉时代也是我国历史上学术学风最为良好的时期。这种学风对于今天的学者仍具规诫意义，“今天学界讲求‘学术规范’，批判‘学术腐败’，其实有时仍然是在重复强调（乾嘉学者）治学的某些原则”②。但是五四以后，虽有清华文科四大导师及其弟子为代表的学者继承和发扬乾嘉学风，但更多的人却将乾嘉学术视为“钻故纸堆”、“故纸堆里讨生活”的“饤饾”之学，或者是“逃避现实”、“无关现实”的“玩物丧志”之学。特别是在1949年以后几十年中所有工作都要以“阶级斗争为纲”的政治氛围中，乾嘉学术更以其“封建性”而不被容于世。因

---

① 参见吴承明：《论历史主义》，载《中国经济史研究》，1993（2）。

② 王子今在《清代考据家的学术道德》（载《光明日报》，2005-01-11）中说：“梁启超在《清代学术概论》中，曾经盛赞清代考据学者‘科学的研究法’，‘科学的研究精神’。他总结清代学界正统派学风的特色，举列十条：1. 凡立一义，必凭证据；无证据而以臆度者，在所必摈。2. 选择证据，以古为尚。以汉唐证据难宋明，不以宋明证据难汉唐；据汉魏可以难唐，据汉可以难魏晋，据先秦西汉可以难东汉。以经证经，可以难一切传记。3. 孤证不为定说。其无反证者姑存之，得有续证则渐信之，遇有力之反证则弃之。4. 隐匿证据或曲解证据，皆认为不德。5. 最喜罗列事项之同类者，为比较的研究，而求得其公则。6. 凡采用旧说，必明引之，剿说认为大不德。7. 所见不合，则相辩诘，虽弟子驳难本师，亦所不避，受之者从不以为忤。8. 辩诘以本问题为范围，词旨务笃实温厚。虽不肯枉自己意见，同时仍尊重别人意见。有盛气凌轹，或支离牵涉，或影射讥笑者，认为不德。9. 喜专治一业，为‘窄而深’的研究。10. 文体贵朴实简洁，最忌‘言有枝叶’。梁启超说‘当时学者，以此种学风相矜尚，自命曰‘朴学’。……所列十条，对于今天的学者，都有规诫的意义”，因此“今天学界讲求‘学术规范’，批判‘学术腐败’，其实有时仍然是在重复强调治学的某些原则”。

此在一段时期内，我国实际上是没有自己的学术传统的。

从以上所言，我们可以得出两点结论：

第一，对学术一词理解之混乱，是导致我国今天学术滥化的主要原因之一。由于不清楚什么是学术，难怪要求人人都做学术工作。例如据说在一些地方，甚至幼儿园老师、办公室职员提职称，也要有学术论文发表。我们承认他们中许多人的研究具有很重要的价值，绝无贬低这些研究成果的意思，但是从学术的两个基本要义来看，他们的工作一般而言不属于学术工作，是不言而喻的。只要是在学术机关办的杂志上发表的文章就是学术成果，那么还有什么学术标准可言呢?

第二，在西方对学术一词的理解中，很重要的一点是其纯学理性。这一点，对于今天的中国学界特别有意义。过去我们反对“为学术而学术”的“纯学术”取向，在当时中国的特定环境下有其道理，但今天情况已经完全不同了。不仅如此，今天的现实是功利主义笼罩全国，极少有人还在“为学术而学术”，而真正的学术却非要具有这种精神不可。因此如果我们还不亡羊补牢的话，我们的学术永远是二三流的学术，诺贝尔奖永远也只有洋人和海外华人有资格领取。

五、关于学术的一个认识误区

如前所述，学术是一种纯学理性的探索，因此我们就不能从功利主义的立场，而应从纯学理的角度，来看待学术。就此，我们需要澄清一个认识误区，即学术成果的价值不是由纯学理性探索所达到水平的高低，而是由研究题目的大小以及其“社会效益”和“经济效益”来决定的。

学术与“社会效益”和“经济效益”无关，前面已经谈过，兹可不赘。这里我们仅只谈谈学术与研究题目的关系。

在今天的学界，很多人都认为有些研究是重要的，而另外一些研究则不那么重要，甚至无关紧要，值不得花气力去研究。不错，从现实需要来说，研究的问题确实有轻重之分，但是从纯学理的探索来说，所有问题都是重要的。由于各个学科的侧重点不同，同样一个事物，某一学科的学者视为不重要，对于另一学科的学者却十分重要。例如对于一部经济史研究著作，一些经济学家可能会认为最重要的是运用了什么理论，提出了什么模式。至于对所用具体史料的订正，似乎可以说是"旁枝末节"。但是对于一些历史学家来说，情况可能相反，最重要的是史实的可靠，而理论和模式则是第二位的。①

一座知识的大厦不仅要栋梁等大部件，而且也要砖瓦钉子等小部件。如果只重视栋梁而忽视砖瓦钉子，那么这座大厦肯定盖不起来。不仅如此，由于大厦需要的小部件的种类和数量远比大部件为多，因此需要更多的厂家来提供这些小部件。因此，对于为这座大厦提供建材的厂家来说，只有各自做好自己的工作，都生产出最好的建材，才能使这座大厦成为不朽。因此，如果我们都趋时去做热点问题的研究，那么势必造成在某些问题的研究中不仅资源过剩造成浪费，而且大量没有能力进行这种研究的力量也涌入，从而造成大量废品或者假冒伪劣产品。同时，大量有待研究的问题却无人问津，从而造成空缺。

由此意义而言，每个学者在自己的研究中，都不应左顾右盼，心神不定，而应当坚信自己的工作有重要意义。胡适曾经说："学问是平等的。发明一个字的古义，与发现一颗恒星，都是一大功绩"②。过去这句话曾被猛烈批判，认为是玩物丧志的典型。但是从学理上来说，这句话并没有错，因为只有在每个知识领域工作的学者都目不旁骛，专心致志地追求本领域中的学术探索，整个学术也才能真正得到发展。此外，从实际情况来说，

① 余英时在《关于韦伯、马克思与中国史研究的几点反省》说："史学论著必须论证（argument）和证据（evidence）兼而有之，此古今中外之所同。不过二者相较，证据显然占有更基本的地位。证据充分而论证不足，其结果可能是比较粗糙的史学；论证满纸而证据薄弱则并不能称其史学"。

② 胡适：《论国故学》，见《胡适文存》卷二，上海，亚东图书馆，1923。

这也是有道理的，例如在古文字学中，甲骨文自发现以来，“认字”就是一项核心的工作。“文革”以前和“文革”中，我国学者在这方面的工作受到很大干扰，以致在很长时间中进展缓慢，从而影响了我国上古史的研究，这是一个很大的教训。如果我国学者具有“发现一个字的新意，其意义不下于发现一颗新的星星”的抱负，那么今天我们认识的祖先文字（包括契丹文、西夏文等）肯定会多得多，也不必为学习一些中国的古文字，还要跑到欧洲和俄国求学了。

就做重大课题研究而言，我们要说的是，绝非人人俱可做重大课题研究。这需要一系列必要条件（不仅包括各种客观的条件，而且也包括研究者自己的主观条件如学养和能力等），如果不具备这些条件，那么最终做出来的只会是次品或者废品，其道理是再清楚不过的。相反，对于大多数研究者而言，做符合自己主客观条件的小课题，只要真正努力，却是可以出真正成果的。在中国史研究中，日本学者向来以善做小问题的研究著称，但是千千万万个小问题的研究成果，造就了日本学者在国际中国史坛上不可动摇的地位。按照不少西方学者的看法，近几十年来日本学者在中国史研究方面的学术成就大于中国学者。这里不拟对此进行评论，但是要指出的是，前面提到过李华瑞统计我国宋史研究已刊出论文总数为 1.5 万篇，如果其中有三分之二是做小问题研究的，那么就有 1 万篇文章，可涉及宋史研究中的绝大多数问题。在这 1 万篇文章中，如果有三分之一（即大约 3 300 篇）有学术价值，那么我国的宋史研究的学术成就必定独步全球，无人能够望其项背。可惜在过去那种人人争做大题目，篇篇讨论大问题的风气熏染之下，大量的文章成为废品或者复制品，以致许多真正想做学问的学者不得不转向日本学者的论著。由此可见，只有真正理解学术一词的意义，以此为标准进行学术工作和学术评价，我们才能有高水平的学术。

最后，回到文章开始的话题。在 20 世纪的大部分时期内，中国不仅在经济上贫穷落后，而且整个社会长期处于动荡不安之中。在此情况下，要进行真正的学术建设、确立学术标准当然很困难，因此我们不应苛求前辈。但是，今天情况已经与过去不同了。推进学术建设，为将来的学术盛世到来奠定基础，已是刻不容缓。在我国改革开放初期，中国产品在国际上常常是“假冒伪劣”的代名词。我们用了20年的时间，到了今天才勉强消除了这个恶名。如果我们在学术风气和学术标准的建设方面无所作为，那么中国学术产品的“假冒伪劣”的恶名，不知还要背到何时呢？

学术批评

学术批评：有规矩而无定式*

学术批评要守规矩，但却不能有定式。不仅批评的形式不能模式化，而且批评的角度、内容和对象也不能强求一致。

学术批评在形式上不能有定式，这不难理解。在过去政治运动挂帅的年代，对一个人或一件事进行评价，总要首先辨清正确与错误、主流和支流、成绩和不足到底是“三七开”还是“七三开”，确定“九个指头和一个指头”的关系。这是一种做政治鉴定的模式，不宜用于学术批评，原因很简单：学术批评并非为某人做全面鉴定，套用这种模式未免使人有杀鸡用牛刀之感。如果报刊上所有的学术批评都遵循这种模式，那么我们所读到的将只会是千篇一律的八股文章。这肯定是我们所不愿看到的。

学术批评的角度、内容和对象也不能有定式。一些学人可能会有这种忧虑：倘若有众多的“行外”人士从“外行”的角度出发对一部学术成果进行批评，就会造成批语只纠缠旁枝末节，或对新见解、新学说一味求全责备，从而损害了学术的发展。换言之，批评的角度、内容和对象应有一定限制，或有一定之规。这种担心虽然有一定的道理，但从大的方面看，学术批评的角度、内容和对象不应该有定式，这是因为：

首先，在学术批评中，批评者确有“行内”和“行外”之分，但批评

---

* 本文刊于《中国社会科学》，1999（4）。

则无“外行”与“内行”之别。在学术分工高度发达的今天，学科确实不少，分支也越来越细。但我们研究的对象是客观的存在，并不依研究者视角的差异而改变。因此对同一对象的看法，从来都是仁者见仁，智者见智。严格说来，由于所有的看法都只是从某一角度来观察、分析某一对象，因此没有任何一种看法可以说绝对地全面和正确。在此意义上可以说，尽管从个人的角度来看有“行内”和“行外”之别，但从总体的角度来看却并无“外行”与“内行”之别。

分化和综合是相辅相成的。发达的学科分工，带来了今天不同学科交汇和融合的趋势。在今天，一部真正有影响的学术成果，大多总会涉及不同的研究领域。因此不同的读者从不同学科的角度出发对其进行学术批评，乃是必然之举。在此情况下，“外行”与“内行”的界限，当然也就更难划分了。譬如说一位经济学家（例如安古斯·麦迪森）写了一部经济史著作，虽然他是从经济学的角度出发来研究问题，但是既然已经涉及了历史学和其他学科的范围，那么从历史学和其他学科的角度出发对该著作所做的批评就不能说是“外行”的批评了。事实上，从不同专业领域出发对某一学术成果进行批评，乃是学术批评的生命力之所在。吴承明先生指出：“按照辩证法或系统论的原理，一个系统中如不含有异质的东西，它就不能进化”[①]。学术也是如此。如果批评者都是在某行“行内”、由“内行”来进行批评，那么其结果是不难想象的。

其次，学术批评的内容，可有侧重点的不同，但没有“旁枝末节”之说，对于来自“行外”人士的批评，“行内”人士往往感觉这些批语看不到主要方面，而是仅仅纠缠于细节问题，是只见“旁枝末节”而不见主干，所以这种批评没有多少意义。然而情况果真是如此吗？

由于各个学科的侧重点不同，同样一个事物，某一学科的学者视为不

---

① 吴承明：《中国封建经济史和恩格斯的广义政治经济学》，见云南大学历史系编：《纪念李埏教授从事学术活动五十周年史学论文集》，昆明，云南人民出版社，1992。

重要，对于另一学科的学者却常常十分重要。例如对于一部经济史研究著作，一些经济学家可能会认为最重要的是运用了什么理论，提出了什么模式，进行了什么阐释。至于对所用具体史料的订正，似乎可以说是“旁枝末节”。但是对于历史学家来说，情况可能相反。余英时先生指出：“史学论著必须论证（argument）和证据（evidence）兼而有之，此古今中外之所同。不过二者相较，证据显然占有更基本的地位。证据充分而论证不足，其结果可能是比较粗糙的史学；论证满纸而证据薄弱则并不能称其为史学。韦伯的历史社会学之所以有经久的影响，其原因之一是它十分尊重经验性的证据。甚至马克思本人也仍然力求将他的大理论建筑在历史的资料之上。韦、马两家终能进入西方史学的主流，决不是偶然的”①。在科学研究中，任何理论和方法的运用，都只能以翔实充分的事实为基础。方法再好，如果依据的史料不可靠或不准确，也不能得出令人信服的结论。史料的考订决非“旁枝末节”。

一切事物都是由无数细节组成的，认为某些细节可以忽视的看法，并不可取。严格地说，在科学研究中，并没有什么东西是无关紧要的“旁枝末节”。例如一般而言，社会风俗的变化是一个长期的过程，因此某个具体年代在社会风俗变化的研究中似乎并不重要，但是在某些情况下，某个具体年代（如 1911 年、1949 年、1979 年等）对于中国社会风俗的变化却具有非常重要的意义。因此对于一项研究来说，如果忽视具体年代的正确与否，也会是一种严重的错误。

再次，任何学术成果在学术批评面前应当一律平等。学术批评的对象，没有新、旧、中、外之分。因此对于引进新说的批评，也应一视同仁，“求全责备”。

今天，各学科的交融已成为人文社会科学发展的必然趋势，任何一门

---

① 余英时：《关于韦伯、马克思与中国史研究的几点反省》，见余英时：《文化评论与中国情怀》，2 版。

学科要生存和发展，都必须从其他学科引进新理论、新方法。在这种引进的起始阶段出现若干差错是必不可免的。对于这些差错，我们应当持宽容的态度，斥之为“伪学术”是不妥的。但是这种宽容并不等于不应对这些尝试进行认真的学术批评。只有对新理论、新方法“求全责备”，使大多数学者看到这些理论方法的成就与不足，才能使这些理论方法的合理部分凸显出来，在该学科的改进方面起到积极作用。否则，新理论、新方法中的合理内容必将受其缺陷之累，反而会影响人们对它的接受态度。

对引进的新理论、新方法进行认真的学术批评，对于今天我国文科学坛尤为重要。余英时先生指出：在西方的多元史学传统中，任何新奇的观点都可以觅得容身之地。近年来西方学界涌现了各种新理论方法，包括许多有悖于主流的“异义怪论”，例如德里达、福柯、哈贝马斯等人的理论系统。不过“这些‘异义怪论’是否都具有普遍的有效性，尚远有待于事实的证明”。但是“最近海内外中国人文学界似乎有一种过于趋新的风气。有些研究中国文史，尤其是所谓思想史的人，由于受到西方少数‘非常异义可怪之论’的激动，大有走向清儒所谓‘空腹高心之学’的趋势”。特别是“在古典文字的训练日趋松懈的今天，这一新流派为中文程度不足的人开了一个方便法门。因此有些人可以在他们不甚了解的中国文献上玩弄种种抽象的西方名词，这是中国史研究的一个潜在危机”。虽然“到现在，这一流派在美国绝大多数史学家眼中尚不过是一种‘野狐禅’”，但是对青年学生却有严重的消极影响，“有志于史学的青年朋友们在接触了一些似通非通的观念之后，会更加强他们重视西方理论而轻视中国史料的原有倾向。其结合则将引出一种可怕的看法，以为治史只需有论证而不必有证据”①。因此，为了使鉴别能力有限的年轻一代能够更好地对待引进的新理论、新方法，对这些理论方法从各个方面进行学术批评，“求全责备”，就更有必要了。

---

① 余英时：《关于韦伯、马克思与中国史研究的几点反省》，见余英时：《文化评论与中国情怀》。

学术批评琐谈*

严肃的学术批评是促成学术研究规范化的主要手段之一，同时学术批评本身也应有规范。这两点，已是大多数学者的共识。但是，究竟应当如何进行规范化的学术批评，学者之间尚有分歧。为了推动对此问题的讨论，兹提出几点粗浅的看法，以请教于同行学者。

一、学术批评并非“找茬儿”的代名词

所谓批评，依照一般的理解，虽然包括“批”与“评”，但通常以前者为主，所以在某种意义上来说与“批驳”和“批判”有相近之处，尽管程度较后者要轻得多。但严格地说，现代汉语中的“批”字有多种含义，并非都指“批驳”和“批判”。例如从我手头仅有的 1979 年版《辞海》所作的解释来看，“批”也可作“评定”解。由于众所周知的原因，在 1979 年以前的几十年中，“批评”一词似乎专指对缺点谬误的批驳或批判。在学术论争中的“批评”也不例外，往往成为“整人”的一种方式。戚本禹、姚文元之流对罗尔纲、吴晗先生史学著作所作的“批评”，至今还使经历过“文革”的学人谈虎色变，不寒而栗。但是当学界的极左思潮随着“文革”的结束而退去时，人们也逐渐发现“批评”并非只是“批驳”或“批判”。

* 本文系作者 1999 年在一次会议上的发言。

1979 年《辞海》修订版刊出时，编者已察觉这一点，但尚未便公开表明自己的新见解，因此对“批评”一词避而不下定义。但到了 1992 年，新华出版社与远东图书公司联合出版《远东汉英大辞典》时，已明确地将“批评”一词定义为“to criticize，criticism”和“comment”两个内容。而据 1995 年版的《剑桥国际英语词典》（*Cambridge International Dictionary of English*），“criticize”意为“to express disapproval of something or someone”；而“comment”则意为“to express an opinion”。前者仅是“表达不赞同”，并不一定有“批判”或“批驳”之意，而后者更完全是中性化的，仅只是对某事物发表自己的意见而已。在学术论争中，即使是前者，也并非都具有否定的意味，因此在《远东汉英大辞典》中“批评”词条下才会有“He was pleased to read the favorable criticisms of his new book”（他高兴地看到对其新著的有利的批评）的例句。因此我们可以说，在学术范围内，批评指的是读者对某一学术成果发表自己的意见，即作评论。至于这种意见是赞同或是否定，则并无一定。既然学术批评是读者发表自己的意见，那么把学术批评一概视为“批判”、“批驳”甚至是“找茬儿”或“整人”，只能说是一种“政治运动思维”的后遗症，而并非学术批评之本意。

二、学术批评是互惠的

为什么要进行学术批评？换言之，为什么读者要对某一学术成果发表评论？如果我们谈的是严肃的学术批评，那么应当是因为我们读了一部学术成果后，对其中一些东西产生了特别的感受，觉得有必要将这些感受写出来，与其他读者分享。有些东西我们觉得特别重要或特别有意义，希望其他读者也能体会，并对之发扬光大，用于各人的研究。也有一些东西我们自己读后觉得不很清楚，把它们写出来，希望作者能够对此作出进一步的说明，从而加深或纠正人们对有关问题的理解。还有一些东西我们认为有错误，则希望作者加以更正，并希望其他学人能够引以为戒，在今后的研究中尽力避免。因此，通过这种批评与反批评，一部学术著作的优点和缺点才能昭然显现，更好地为广大读者所接受，从而起到推动学术进步的作用。如果我们读了一部学术著作后毫无感受，当然也就不会想要发表什么体会了。不过一般而言，这样的著作大多是没有特色的大路货，所以读后难以使人产生感受，自然也值不得拿来讨论。

这种批评无论对于批评者还是被批评者，都是有益的。从批评者的角度出发，由于个人学识、学养、功力有限，所看到的优点和缺点未必都正确。把自己的感受发表出来，听听作者和其他读者对于这些感受的看法，对于批评者来说是提高认识的一种重要方法。而从被批评者的角度而言，通过对批评的答辩，可以澄清自己成果中不够清楚的地方，阐明被误解的观点，从而使得自己有机会进一步改进原有的研究。因此一篇批评文章出来，不论它对所评学术成果持肯定或是否定的态度，于批评者和被批评者都同样有益，因而也是互惠性的。当然，广大读者也会从这样的批评和反批评中受益。因此把学术批评视为“杀伤性”的或导致“两败俱伤”的行为，不是对学术批评的正确看法。

三、“以己之长，攻人之短”

“以己之长，攻人之短”，历来被认为是一种武夫竞技的手段，非文雅君子所宜。但在严肃的学术批评中，这却是应当大力提倡的做法。韩愈早已有言：“闻道有先后，术业有专攻”。这在学术分工高度发达的今天，情况更是如此。既然学科分工越来越细，当然也不可能再出现通晓一切的百科全书式的学者。同时，不同学科的交汇和融合，在今天也愈来愈显著。一部真正有影响的学术成果，大多涉及到不同的研究领域。因此不同的读者从不同学科的角度出发对此进行学术批评，乃是必然之举。由于受自身知识结构所限，各位批评者的批评总是从自己的专业领域出发。而在他们自己的专业领域里，他们当然也最有发言权。换言之，也就是以其所长对该成果进行批评。

由于专业眼光的不同，各位批评者所看到的情况自然也难有一致，即所谓“仁者见仁，智者见智”之意。打个比方，当“包装”界专业人士对一个模特儿进行评论的时候，发型师注意的是该模特儿的头发，美容师注意的是面部，时装设计师注意的是衣着，而鞋匠（或许应称为鞋类设计师）注意的则是鞋子。如果不让这些专家“以己之长，攻人之短”，那么这场鉴评会就只会是走过场，而受害者将是被批评者即模特儿。设想一下，要是这些专家都是“以己之短，攻人之长”，也就是说请发型师批评鞋子样式是否“体现最新美学观念”，美容师判断裤子风格是否“领导时代新潮流”，其结论必定不会被人们所重视，也不会有哪一个厂商会召开这种荒唐鉴评会。同样的道理，如果不是由不同专业的学者以其所长对某一学术成果进行批评，那么这种批评又有什么价值呢？

也正因如此，在学术批评中，“以己之短，攻人之长”是不宜提倡的。一个批评者强不知以为知，对他自己尚未真正了解的东西作武断的肯定或否定，必然是没有说服力的。

四、“外行”与“内行”

由于一个重要的学术成果往往涉及不同的学科，因此对此成果进行批评的人士也常常出于不同专业领域。在此情况下，“外行”与“内行”的界限，也就难以划分了。譬如一位经济学家写了一部经济史著作，虽然他是从经济学的角度来研究问题，但是既然已经涉及了历史学科的范围，那么历史学家对该著作所作的批评就不能说是“外行”的批评了，尽管这种批评是从一个完全不同的角度出发，所用的方法和分析构架乃至批评的内容可能与作者全然不同。在此时候，作者不能以“批评者不懂经济学，因而其批评是外行话”为由而拒绝批评。相反，认真听取历史学家的意见，以改进自己的研究，才是明智的办法。在此方面，安古斯·麦迪森就树立了一个良好的榜样。他是当今国际著名的经济学家，在当代世界经济研究中享有盛誉。他近年来对中国经济史产生了兴趣，撰写了一部名为《中国长期的经济实践》（*Chinese Economic Performance in the Long Run*）的著作。由于该著作超出了经济学的范围，他数易其稿，每稿都送请历史学者（包括本文作者）批评，征求意见，加以修改。虽然有些历史学家对经济学家写经济史著作怀有成见，但他依然真正虚心地请历史学家批评指正。我认为麦氏此举确实非常明智，不愧为大家所为。

此外，即使是真正的外行（即非专业人士），他们的意见也并非没有价值。正如一位从未下过厨房的人，也可以对某位名厨的作品发表重要的意见。如果只有烹饪界内行的意见才值得重视，那么世界上恐怕也就没有“美食家”这类人士了。而在国外的高档饭店，美食家的意见一向是名厨最希望听取的。

五、有无“旁枝末节”？

对于来自本领域以外学者的学术批评（或曰行外人士的批评），行内人士常认为这些批评往往看不到所批评成果的主要方面，而是仅仅纠缠于细节问题。用过去大家曾经都很熟悉的话来说，就是只见木而不见林，见“旁枝末节”而不见主干。“旁枝末节”据说都是无关紧要的，所以这种批评没有多少意义。然而情况果真是如此吗？

严格地说，在科学研究中，并没有什么对象是无关紧要的。就是标点符号，也不是可以忽视的“旁枝末节”。过去国家曾组织了一批第一流的学者，从事一项历时长久的集体工作——标点《资治通鉴》和《二十四史》。标点本刊出后，全世界的中国历史研究者都从中受惠无穷，所以这项工作可谓功德无量之举。这些学者都是文史各领域中成就昭著的大师，他们甘愿穷多年之力从事标点，可见标点符号绝非“旁枝末节”。

由于各个学科的侧重点不同，同样一个事物，某一学科的学者视为不重要，对于另一学科的学者却十分重要。例如对于一部经济史研究著作，一些经济学家可能会认为最重要的是运用了什么理论，提出了什么模式。至于对所用具体史料的订正，似乎可以说是“旁枝末节”。在科学研究中，任何理论和方法的运用，都只能以翔实充分的事实为基础。就经济史研究而言，经济学理论和方法确实非常重要，但正如凯恩斯所说：“经济学与其说是一种学说，不如说是一种方法，一种思维工具，一种构想技术”。马克思更明确地说：经济学理论是从历史的和当时的经济实践中抽象出来的，“这些抽象本身离开了现实的历史就没有任何价值。它们只能对整理历史提供某些方便”。因此吴承明先生下的结论是：经济史研究“只能以历史资料为依据”[①]。方法再好，如果依据的史料不可靠或不准确，也不能得出令人信服的结论。可见史料的考订绝非“旁枝末节”。对于这一点，西方学界并无很大歧见。我在一篇文章里曾提到过1980年代轰动美国学坛的“亚伯拉罕案件”(David Abraham Case)。该公案的主要当事人亚伯拉罕在其所著《魏玛共和国的崩溃》(*The Collapse of the Weimar Republic*：*Political Economy and Crisis*)中，采用结构主义—马克思主义的观点，对两次大战之间德国的社会、政治、经济结构作了颇为深入的分析，从而对纳粹的崛起作出了新的解释。从社会学的角度来说，该书确实颇有新意，因此出版后颇受好评。但是从历史学的角度来说，该书所引用的史料却多有失误。尽管有的学者指出这些错误并不影响全书的结论，但这些错误终使亚氏为学界所不容。

总之，我个人认为不应把学术批评视为“找茬儿”，而应视为被批评者、批评者和广大读者都可从中受惠之事。学术批评要守规矩，但不应有定式。在学术批评中，应当提倡“以己之长，攻人之短”。对待学术批评，不应心存“外行”和“内行”的畛域，也不应将其他学科学者所重视的批

① 凯氏、马氏与吴氏之语均见吴承明：《经济学理论与经济史研究》，载《经济研究》，1995(4)。

评内容视为“旁枝末节”。对于从其他学科引进的新理论方法“求全责备”，是学术批评的重要内容，应从积极的方面予以理解，而不应加以拒绝。以上这些，都只能说是开展学术批评的起码条件。如果我们在学术批评中连这些也做不到，那么要指望能够热烈而健康地开展学术批评，恐怕只是一个可望而不可即的愿望。

“何伟亚事件”和“亚伯拉罕案件”*

——从“人口史风波”谈学术规范、学术纪律与学术批评

近年来国内学术著作泥沙俱下，鱼龙混杂，已是不争的事实。造成这种局面的主要原因之一，是如今的我国学坛严重失序。在这种情况下，出现“主要由非专业人员编辑并由非专业人员鉴定通过”的“低水平的、错误百出的资料编纂”，被当做“填补了我国历史人口学研究空白”的“国内关于上古至现代的第一本历史人口学专著”，向海内外学界隆重推出的现象，当然也就不足为奇了。国人对于学坛的种种怪现象，已是见惯不怪。但是长此以往，根据经济学中“劣币驱逐良币”的原则，学坛将日愈为“劣品”所占据，而“精品”的生存空间也随之日愈缩减，直至完全丧失。“他山之石，可以攻玉”。通过一些例子，看一看别人的情况，无疑有助于我们发现和解决自己的问题。

一、中、美史坛三公案

当前我国学坛风气不正，已引起各方面人士的关注。这些不正之风中最为显著者，就是在学术成果评估和学术批评中“只说好话，不说缺点和不足，甚至互相吹捧”①。在一派互相吹捧的甜言蜜语的催眠之下，史坛似

---

* 本文刊于《中华读书报》，1998-10-07。

① 中国社科院副院长王忍之语，引自祝晓风、张洁宇文，载《中华读书报》，1998-03-25。

乎有些昏昏欲睡了。

今年（1998 年）第一期《历史研究》刊载了葛剑雄、曹树基的长篇书评《是学术创新，还是低水平的资料编纂?》，对杨子慧主编的《中国历代人口统计资料研究》提出了尖锐的批评。3 月 25 日的《中华读书报》又刊出该报记者祝晓风、张洁宇撰写的长篇报道《一篇书评问世的前后》，披露了与该书评有关的种种情况。这两篇文章的相继发表，在学界引起了颇大震撼，寂寞多年的史坛终于再起波澜。不仅被批评者作出了激烈的反应，称该书评“恶意中伤，人身攻击”、“学阀、学霸作风”，不少局外人士也觉得该文批评太过激烈，不给人留面子，有伤同行和气，等等。当然，为葛、曹书评叫好者也不乏人在。因为此公案源起于《中国历代人口统计资料研究》一书，因此姑称之为“人口史风波”。

“人口史风波”之所以能够成为一桩引起轰动的学坛公案，主要原因实际上是严肃的学术批评已在史坛绝迹多年。人们已习惯了那些充斥报刊的廉价吹捧文字，乍一碰到这种尖锐的评论，自然不免有愕然之感。套用鲁迅的话，可以说是“学界人士，莫名惊诧，长此以往，和气不保”。然而，这桩公案如果是发生在学坛较为有序的地方，情况又会如何呢？下面讲两个发生于美国史坛的公案，来与“人口史风波”做一对照。之所以选这两个公案为例，一是因为我与这两个公案的一些主要当事人或曾为同事，或是熟人，因此对其事有些直接的了解。二是这两个公案在海内外中文报章中曾有报道，读者若有兴趣，不妨去细查有关文字。

这两个公案中，发生时间较近、且国人了解较多者，是新近发生于美国汉学界的一场笔墨官司。因此公案的主要当事人是何伟亚（James Hevia），故姑称之为“何伟亚事件”。另一公案发生较早，影响也更大，在 1980 年代曾轰动美国学坛。该公案也因当事人亚伯拉罕而得名，故被美国媒体称为“亚伯拉罕案件”。前一公案的梗概，孙尚扬《为中国而争吵的

"洋人"》[1] 一文作了概述。后一公案则在余英时《中国文化的海外媒介》一文中有颇为详细的叙述。兹将此二公案略述如下：

何氏新著《怀柔远人：马嘎尔尼使华的中英礼仪冲突》(*Cherishing Men from Afar*：*Qing Guest Ritual and the Macartney Embassy of 1793*）是一部颇有新见的专著，荣获了1997年美国亚洲学会的列文森奖。但是加利福尼亚大学圣地亚哥分校教授周锡瑞（Joseph Esherick）却对该书进行了猛烈的批评，称之为"一派胡言，望文生义"之作。书评刊出后，加利福尼亚大学洛杉矶分校教授艾尔曼（Benjamin Elman）出来为何氏辩护，称周氏的批评"充满恶意，小题大做"，从而成为一场双方均有该国汉学家中的重量级人物参加的论争。此争论涉及诸多方面，其中之一是对原始文献的理解问题。周氏的文言功底明显较何氏为佳，因此他对何氏书的批评之一，就是何著正文中有一些对原始史料的错误译法和错误断句，并指出在该书附录的词汇表中还有将"皇帝"误作"黄帝"、"一视同仁"误作"一视同人"之类的问题。艾尔曼尽管在诸多方面为何氏辩解并回击周氏，但对周氏所指出的这些"硬伤"却无法予以有力回答，只能说何氏所犯的此类错误百分比很小，而且周氏断章取义，误解何氏对文献的全面译解。

周锡瑞对何伟亚的批评，在许多中国学者的眼中，似乎是有些"小题大做"，或者是过于"苛刻"了一些。但是在美国学坛上，这不过是司空见惯的现象。就近几年的美国汉学界而言，就发生了多起公案，例如黄宗智与马若孟（Ramon Myers）、罗斯基（Thomas Rawski）之间的交锋，费维恺、王国斌（R. Bin Wong）等对布兰德（Loren Brandt）新著《华中和华东的商业化及农业发展，1870—1937年》（*Commercialization and Agricultural Development*：*Central and Eastern China*，*1870—1937*）的抨击，

① 该文刊于《中华读书报》，1998-06-17。

亚洲学会前后任主席罗友枝（Evelyn Rawski）与何炳棣之间的批评与反批评，等等。这些公案争论的焦点都是观点、立场、理论等更“大”的问题，“火力”也更加猛烈。相比之下，周氏对何氏的批评根本谈不上“苛刻”。然而，事情还并非至此为止。若与我们还要谈到的另一发生于史坛主流学科中的公案——“亚伯拉罕案件”——相比，汉学界的上述公案更不过只是“小菜一碟”而已。

亚伯拉罕原是普林斯顿大学历史系助理教授，专攻德国近代史。他将其博士论文修改后，写成了《魏玛共和国的崩溃》一书，于1981年刊出。该书出版后颇受好评，普大历史系也因此而正式向校方推荐，请求破格授予他长期职位。但在此时，耶鲁大学教授、德国史专家屠纳（Henry Turner）发表文章指出：亚氏书中所引用的史料多有严重失误，有颠倒日月的，有张冠李戴的，也有查无其文或其书的。因此屠氏认为亚氏是臆造证据以凑成己说。亚氏出来为自己辩护，说明他的结论完成是建立在原始文献的基础之上的，并无欺诈作伪之举。同时他也不得不承认，他当初在德国从事档案研究时，因德文尚未精，加上时间匆促，的确犯了许多错误，但都是无心之过。亚氏的申辩博得了不少同情者，但此时加利福尼亚大学伯克利分校教授、曾任美国德国史学会会长的费德曼（Gerald Feldman）又加入论战。费氏强调亚氏有心作伪，为史学界所难容。此事终于激起了美国史学界数十年未有的轩然大波，《纽约时报》、《时代周刊》等报章均不断有大幅报道。亚氏的业师、芝加哥大学教授诺维克（Peter Novick）站出来为亚氏辩护，指出亚氏在史料运用上所犯的错误并不影响其结论，经改正后，全书论旨仍足以成立。不过屠氏和费氏后来得到美国历史学会的正式支持，亚氏终于被逐出史学界，不得不以四十多岁的年纪，改行去学法律。

从一些报道来看，此桩公案也涉及到一些个人因素和学派之争（如在亚氏之书出版之时，屠氏关于同一论题的专著也接近完成，而结论恰恰与亚氏结论相反)。不过显而易见的是,亚氏所犯错误中最为致命者,是他在其研究中,违犯了史学研究的基本纪律。亚氏在自我辩护中,也不得不公开承认他在史料处理方面所犯的错误"不可原谅",并对他最初在档案处理方面的草率也"无词可以辩解"。其师诺氏虽然站在亚氏一边并极力为之辩护,说以屠氏和费氏为代表的主流史学对亚氏实行了"无情的迫害",不过他也公正地指出:"职业史学家中也许有人同情亚氏,但是由于后者已坦承自己曾犯了无数'不可原谅的'错误,他们觉得起而为他辩护是一件尴尬而难为情的事,当然更不肯聘用他了"。就这样,一个前途无量的年轻史家,就因史学基本功不到家而违犯学术纪律,从而断送了大好前程。

二、学术纪律:执"法"必严,不能手软

站在局外人的立场来看,美国主流史学对亚氏的惩罚似乎过于严厉了些:仅仅因为一些今日许多中国学者看来是无关宏旨的史料使用问题,就将一个饶有才华的年轻学者永远逐出学坛,连一个改过的机会都不给!的确,对于亚氏本人来说,这惩罚似乎是太残酷了。不过要是换个角度,从维护学坛秩序的立场来看,难道能说这种惩罚是不必要的吗?

三年前,林毅夫曾在一篇文章中指出:近年来国内社会科学界出现严重失序现象,剽窃抄袭成风,问题经常重复讨论而又不见水平提高。每年发表的论著可谓不少,但迄今为止国内的经济学研究在国际上尚未得到多少承认。要从根本上改变这种情况,就必须规范我们的研究,建立一个在理论创新、接受、修改、摒弃乃至理论批评等方面大家能够有共识的规范机制。只有大家都能遵循上述规范,才能避免过去那种低水平的重复,使得我国的学术研究能够取得重大进步。[1]

① 参见林毅夫:《本土化、规范化、国际化》,载《经济研究》,1995(10)。

然而，只有规范而无人遵守，依然是于事无补。当今并非人尽尧舜之世，因此只有通过强制执行，才能使这些规范为人人遵行。由于学术规范的执行具有强制性，因此也是一种纪律，即学术纪律。

不严格执行交通法规，就不会有良好的交通秩序。同样，要使学风纯正，执行学术纪律自不能不严。严惩违规对一些人（特别是初次违规者）来说，有时可能会显得过于严厉了些。不过与纵容违规所导致的后果相比，严惩违规当然更符合大多数人的利益。设想一下，如果何氏不被严词批评的话，那么以后其他汉学家在文言的断句与文句理解这类“小”问题上犯错误，也就难以杜绝了。如果对亚氏采取的措施不是这么严厉的话，又怎么能够保证日后他人不会心存侥幸，利用类似的借口蒙混过关呢？人非圣贤，如果不必付出大气力就可获得名利，对许多人来说，又何乐而不为呢？“千里之堤，溃于蚁穴”。违规行为如果不从一开始就加以制止，很容易就会泛滥成风。而一旦泛滥成风，想要挽狂澜于既倒，就很困难了。一些发达国家确立了比较完备的学术规范和比较严格的学术纪律，就是有鉴于此，防患于未然。洋人也并非都是君子，因此同样也需要学术纪律的约束。如果违规，定难逃罚。这样一来，只要会算起码的得失账的人，就不会明知后果还去顶风犯规了。由于大家不敢随便越轨，学坛也自然变得较为有序，而最终的受惠者还是大多数人。由于学界假冒伪劣产品或“低水平重复”产品的空间会变得很小，因而读者也可免去上当受骗之苦。走进书店，至少不必怀疑每一本新书都有可能是由抄袭剽窃、东拼西凑而成的“盗版”货，“绣花枕头一包草”式的“注水”货，或是粗制滥造、“硬伤”累累的“床板”货。正如到王府井百货大楼等较有信誉的大商厦购物时，顾客权益较有保障，因此你也不必像在农贸集市与小贩打交道时那样需要时刻小心翼翼，有时甚至需要带上计算器、弹簧秤、验钞机乃至关于如何鉴别冒牌汾酒或注水猪肉之类的说明书，以免上当受骗。

三、学术批评：旗帜要鲜明，标准要统一

学术纪律既然是一种强制性行为，就要有人来执行。靠谁来执行？当然不能靠少数人作为“执法官”，居高临下地加以裁决，而只能靠广大学者通过积极开展学术批评，达到鉴别是非、确定优劣的目的。只有学术批评蔚然成风，形成一种强大的舆论力量（即学坛清议），才能使得每一位学者自觉地不去违规操作。学术批评愈有力，学术纪律也愈严格，学坛风气也将愈端正，这是人人都可明白的道理。但不幸的是，如《中华读书报》在祝、张有关报道的提要中所总结的那样：“在当前的学术界、出版界，书评变成庸俗的‘吹捧文章’，渐渐失去其批评作用的现象已相当普遍”。没有了积极而严肃的批评，违规不受惩罚，自然会有越来越多的人起而效尤，结果是造成了今天学术成果“优汰劣胜”日盛一日的可悲局面。因此，开展严肃的学术批评已成为关系到我国学坛生死存亡的大事。

严肃的学术批评，必须旗帜鲜明，标准统一。只有旗帜鲜明，才能真正收到振聋发聩之效，从而唤起学界对学风问题的真正关注。而只有标准一致，才会有公平公道。不过，要在学术批评中做到这些，又谈何容易。

首先，学术批评要旗帜鲜明，就要不怕得罪人。要不得罪人，当然最好是超脱世外，对谬误视而不见，缄口不言。万一实在不得已要提点意见，也要尽力避免有“批人”之嫌，因此行文力求委婉含蓄，用词务必温柔圆通。被批评者读后有如春风拂面，而圈外人士读后则莫知所云。倘若在学风醇美的未来，学人尽皆严以自律的谦谦君子，用此种方式来切磋学问，当然最为理想不过。但在学坛风气日下的今日，这种批评方式恐怕未必适用。设想一下，在今日“庸俗的吹捧文章”的汪洋大海中，一篇只有为数极少的圈内人细加把玩才品得出其味的批评文字，会引起多大注意，激起

多少波澜？要挽狂澜于既倒，当然就要让尽可能多的学人一读即知其意，因此非旗帜鲜明不可。若是人人都一团和气的话，学坛风气何日才会澄清呢？

其次，学术批评除了要旗帜鲜明外，还要标准统一。也就是说，在学术规范面前必须人人平等。不论是评论谁的作品，都只能遵循同一标准，执行同一规范。既然没有双重或多重标准，那么不论是何人，只要他做某一领域的研究，他就不仅要恪守普遍的学术纪律，而且还要奉行该领域中具体的学术规范。如果违反规范，当然也不能享有豁免权。违规就是违规，违规就是该罚。正如在世界杯足球大赛中，无论来自世界哪一个国家的参赛队，都必须遵循同样的游戏规则一样。如果犯规，不论违规者来自何地，是大牌球星还是无名小卒，也不论他是有意无意，或是否“一片热心，不计报酬”，总是要被罚的。轻者黄牌警告，重者红牌逐出，甚至取消以后参赛的资格。

最后，我还要申明：中外国情有异，我国的学术规范应当如何建立，学术纪律应当如何执行，都有待广大学人参加讨论，以取得共识。本文讲述美国史坛公案，目的是希望借鉴人家的经验，绝无要我国学界一切都唯洋人马首是瞻的意思。我想有一点应当是没有异议的：我国史坛的学风今日已到了不能不下大气力来澄清的地步，因此每个学者都有义务积极参加端正学风的工作。否则，在今天因信息革命变得越来越小的世界上，既然学术已真正成为天下公器，而国际公认的规范标准又不能有多种，所以执行学术纪律也自然不会再有国界的隔阻。如果洋人违规，国人自可“替天行道”，进行批评；反之亦然。试想一下，如果有费氏、屠氏或周氏一类洋学者站出来，以对待亚氏或何氏的标准，来对《中国历代人口统计资料研究》这样一部“国内关于上古至现代的第一本历史人口学专著”评头品足，那么脸面上无光的当然就不止该书编纂者了。毕竟，亚氏或何氏所犯的错误，比起葛、曹所列举的那些“硬伤”，恐怕只能算是小巫见大巫。因此从另外一个角度来说，葛、曹书评使我们得以免去由洋人做裁判来对国人违规行为进行惩戒的尴尬，确实为我国人口史学界挽回了一些面子，所以我们应当为此感到庆幸才是。

批评何必成冤家*

——李嘉图和马尔萨斯两位伟大经济学家之间的争论与友谊

学术批评是促进学术进步的重要手段，在“真理越辩越明”的过程中，不仅是广大读者，而且批评者和被批评者双方，都会从中受益，因此应是一件皆大欢喜的大好事。然而由于长期政治运动的后遗症，学术批评在今天的我国学坛上却处于一种相当尴尬的境地。一方面，没有人不承认学术批评的必要性；但是另一方面，许多人在内心深处仍然把学术批评视为一种针对个人的“找茬儿”乃至攻击。像“奇文共欣赏，疑义相与析”这种本来是体现学人之间切磋论道之乐的雅事，经过“文化大革命”打手们的恶意歪曲，也成为了对人进行“大批判”时使用的专门术语，至今还使人闻而胆寒。因此要营造一个良好的学术批评的气氛，在今天谈何容易！看一些历史上关于学术批评与学者友谊的佳话，或许会对今天的学术批评有所促进。

俗话说“同行出冤家”，心理学也讲能人之间的“瑜亮情结”。大卫·李嘉图和托马斯·马尔萨斯两位19世纪的伟大经济学家就是最可能变成冤家的同行，最有可能有“瑜亮情结”的伟人。他们都是亚当·斯密以后英国古典经济学的代表人物，生在同一时代，而且都以政治经济学见长。他

* 本文刊于《经济学家茶座》，2001（5）。

们是同行，甚至连各自的代表著作的书名和出版时间也很接近——李嘉图的代表著作为《政治经济学及赋税原理》，刊出于1817年；马尔萨斯的代表著作则为《政治经济学原理》，1820年出版。因此如果真的是“同行出冤家”的话，他们的确很有条件成为冤家。不仅如此，这两位学者在出身、经历、个性和当时的社会评价等方面也截然不同。这些当然更增加了彼此成为对头的可能。

马尔萨斯出身于英国上层阶级，而李嘉图则是一个犹太移民的后代(犹太人在当时英国的社会地位不高)。马尔萨斯少年时代在其学识渊博的父亲的精心指导下博览群书，后来又进入剑桥大学深造；而李嘉图则从14岁起，就不得不在父亲身边从事商业和金融工作，学术上全靠自学成才。马尔萨斯一生从事于学术研究，是个典型的职业学者；而李嘉图则是一个精明的证券经纪人，与著名的金融大王内森·罗斯柴尔德一道成为伦敦证券交易所的主要人物。马尔萨斯从来没有富裕过；而李嘉图于26岁起即已走上了致富之途，在开始自己经营业务时资本仅有800镑，但到他1814年(时年42岁）引退时，个人财产已达50万到160万镑。在社交方面，当时的人称马尔萨斯为“一位地地道道的伦理学家”，而且说话时有些口齿不清；而李嘉图则被称为“花花公子”。与马尔萨斯平淡无奇的教书生涯不同，李嘉图是一个一帆风顺的人。他虽然是犹太人，但很早就自作主张皈依了基督教，并娶了一个漂亮的基督徒姑娘为妻，使他在社会地位等方面如愿以偿。后来他进入下议院，并被认为是对下议院进行教育的人。甚至他的激进主义也没有减损人们对他的崇敬。

他们不仅出身、经历不同，而且所受到的社会评价也截然而异。当时的人们讨论李嘉图的见解时劲头十足，说得有声有色；而对于马尔萨斯的贡献（除关于人口的文章外)，却淡然处之。传记作者詹姆斯·博纳(James Bonar）说：不幸的马尔萨斯“是在他的时代被批评得坏透了的人。这个人对天花、奴隶制和杀婴加以辩护，对施舍衣食、早婚和教区补助则加以谴责。他指出家庭组织的流弊之后，自己却实行结婚”；“马尔萨斯从开始起就没有被人饶放。在三十年间，对他的责难之词没有断过”。而李嘉图却极受崇敬，一举一动都被大众欢迎。他在议会中发表讲演时，尽管有的人说他的声音“尖锐刺耳”，但其他人则说“虽然他把嗓子提得极高，而听起来很悦耳”。当时上流社会的主妇们在雇用家庭女教师时都要查问，她们是否能够把李嘉图的经济学原理教给孩子。而马尔萨斯关于人口的文章虽广被传阅，但一再受到激烈反驳。这不是没有道理的，因为这篇文章“使得一个不切实际的和谐世界的幻梦一下子烟消云散。马尔萨斯只用了几页文字，就破灭了当时自鸣得意的思想家的空中楼阁”①。这种令人扫兴的做法当然不会受欢迎，因此当时的大臣威廉·戈德温说“马尔萨斯把成百的进步论点的支持者改变成了反动分子”。两人在其他方面的情况也大相异趣。经济家罗伯特·海尔布罗纳说：“马尔萨斯一辈子过的是学院生涯，却关心现实生活中事务；而李嘉图虽然经商，但成了理论家。这位证券经纪人所关心的只是无形的‘规律’，而那位教授所担忧的是这些规律是否与在他眼前的世界相配合。”

这样两位出身、经历、社会评价如此不同的同行，在学术见解上也不会一致。在经济学方面，马尔萨斯是提出“普遍过剩”学说的第一人，他并认为这种“普遍过剩”会颠覆社会。但李嘉图则可以毫不费力地证明这个说法是荒唐的。由于见解迥异，他们在一切方面展开争论就不足为奇了。他们几乎在每件事上都有争执，讨论无休无止。1815 年李嘉图出版了《论谷物低价格对资本利润的影响：证明限制进口的不适宜——兼评马尔萨斯最近两本著作〈地租的性质和发展的研究〉和〈对限制外国谷物进口政策的看法的根据〉》一书，就是自 1814 年初以来与马尔萨斯争论的一个结果。在该书中，李嘉图对马尔萨斯的观点进行了猛烈的批驳。但是此书写得很

① ［美］海尔布罗纳：《几位著名经济思想家的生平、时代和思想》，68～69 页，北京，商务印书馆，1994。

仓猝，因此马尔萨斯劝他重新写。李嘉图接受了这一建议，在 1816 年致信马尔萨斯，说："即使仅仅是为了我自己的满足，我也将继续工作，直到使我的理论达到前后一贯的形式"。于是导致了李嘉图的代表著作《政治经济学及赋税原理》的问世。1820 年马尔萨斯出版了《政治经济学原理》后，李嘉图不惜用 220 页的篇幅，摘录了马尔萨斯在论证上的瑕疵，而马尔萨斯则坚决认为这类谬误在李嘉图的著作上也是根深蒂固地存在着的。在李嘉图逝世前的一年中，他们一直为价值规律与劳动和资本相交换之间的矛盾、价值规律与等量资本得到等量利润之间的矛盾等重大理论问题争论不休，写了许多长信相互讨论辩驳。

然而令人奇怪的是，在这两位学者之间却存在着非常深厚和感人的友谊。他们于 1809 年相遇，共同推翻了一个名叫博桑克的人的观点，并因此结为终身好友。他们之间无休止的讨论，也持续到 1823 年李嘉图去世为止。李嘉图在给马尔萨斯的最后一封信里说："亲爱的马尔萨斯，现在我的工作算完成了。像别的争论者一样，经过了多次讨论以后，我们依然各持己见，相持不下，然而这些讨论丝毫没有影响我们的友谊；即使您是同意了我的意见的，我对您的敬爱也不会比今天更进一步"。马尔萨斯在李嘉图故去后，深情地说道："除了自己的家属外，我从来没有这样爱戴过任何人"①。

李嘉图和马尔萨斯的争论和友谊，是近代学术史上的一段佳话。马尔萨斯说："有些奇怪的是，李嘉图是个大量地租的收入者，却会那样低估地主在国家的重要性。而我在地租方面从未有过任何收入，也不想有任何收入，却可能要受到指责，认为我过高地估计了地主的重要性。我们在处境上和意见上的不同，至少可以证明我们相互间的笃实不欺，而且由此提供了一个有力的根据，足以推定我们在学术上有所主张时，无论在心情上受

① ［美］海尔布罗纳：《几位著名经济思想家的生平、时代和思想》，78 页。

到了什么偏见的影响，所受到的总不会是彼此处境和己身利益方面的偏见的影响，而这类偏见的发生是最难防止的”。一位同时代的作家玛利亚·埃奇沃思在日记中说，“他们（李嘉图和马尔萨斯）一道在寻求真理，当他们找到时，即欢呼若狂，再不计较是谁先发现的”。正是因为这种对真理的追求，使得他们的争论成为了浇灌友谊之花的甘霖。而他们的友谊又使得他们不仅在学问上，而且在人格上，也成为伟人。哲学家詹姆斯·麦金托什爵士在马尔萨斯去世之后写道：“我同亚当·斯密交往不多，对李嘉图很熟悉，而马尔萨斯则是我的知交。难道为了他们在科学上的成就，才说这三位科学上最伟大的导师是我所认识的第一流人物吗？”①这段言简意赅的话，表明认真的学术批评不仅不会影响学者间的友谊，相反倒会使彼此的学问和人格在这种批评中得以提升，最后臻于化境。李嘉图和马尔萨斯十多年的争论和友谊造就了经济学说史上的两位大师，这不正是学术批评所追求的最高意境吗？

① ［美］海尔布罗纳：《几位著名经济思想家的生平、时代和思想》，92 页。

学术“涉外”心态

我们该怎样读外国书*

当年鲁迅先生在其杂文《青年必读书》中对青年发出忠告："我以为要少——或者竟不看——中国书，多看外国书"。原因是"中国书虽有劝人入世的话，也多是僵尸的乐观；外国书即使是颓唐和厌世的，但却是活人的颓唐和厌世"。其实，鲁迅先生所读之书以中国书为多，他的学问也主要是从读中国书得来的。因此这段话听起来虽然有些偏激，但其意在鼓励青年积极进取，并非全盘否定中国书。不过，如果把此话放到今天，或许不乏道理。

前些日子在一个会议上①，我口无遮拦，讲了一句"中国大多数学报是学术垃圾生产地"。不料此语一出，竟然在媒体上引起轩然大波。大家之所以对此话如此感兴趣，是因为我国学术著作的质量问题已经成为社会关注的焦点。由于学术垃圾充斥，读书就成了一件冒险之事。鲁迅先生说："浪费别人的时间，无异于谋财害命"。从此意义上而言，读了质量低下之作，也就是被害命，不过这还可以说是自认倒霉。要是读了假冒伪劣之作，并以此为据写自己的著作，发表出去，则不仅害己，更要害人。因此之故，在读许多近来出版的中国学术书时，常常不免戒心重重，不知此书所言是否可靠？是否有据？是否抄袭剽窃之作？对于现代人来说，读书与吃饭一

---

* 本文刊于《北京日报》，2008-07-14。

① 该会议是"首届高校学术期刊发展论坛"，于2007年10月20日上午在北京举行。

样重要。饭不论中西，总是要吃的；书不论中外，总是要读的。当然，由于有比较，有选择，如果中国书的质量不能令人放心，读外国书也就成为理所当然的替代。正如洋快餐有害健康，因此中餐在西方得以风行一样。不过，这对于我们中国学者来说，却是很令人感到悲哀的事。

虽然我绝不认为外国月亮比中国的月亮圆，不过也承认在一些发达国家，由于学术管理体制比较成熟，“学术垃圾促产机制”不甚得势，因此其学术著作的质量相对而言也比较高。这是事实，谁也抹杀不了。不过即使如此，余英时先生也警告我们：“在西方的多元史学传统中，任何新奇的观点都可以觅得容身之地。近年来西方学界涌现了各种新理论方法，包括许多有悖于主流的‘异义怪论’，例如德里达、福柯、哈贝马斯等人的理论系统”，“这些‘异义怪论’是否都具有普遍的有效性，尚有待于事实的证明”①。因此之故，即使是遇到外国著名学者的著作，也需要小心。那么，我们应当怎么读外国书呢？下面，据我个人的经验谈谈。

首先，学问是天下公器，因此没有国界。日本学者中鸣敏回忆在做学生时，曾向其师加藤繁先生（日本的中国经济史开山鼻祖）抱怨说：“像搞（中国）社会经济史这门学问，外国人总不及通晓实际情况的本国人”。加藤繁氏即正言厉色地回答说：“不是这样，那只是在常识方面而已。如果真正进入学问的深处，外国人和本国人，并没有两样”②。此语极有气魄，事实也确实如此。既然中外学者在学问面前没有两样，其著作的水平当然也不能依作者的国籍而以不同标准对待之。因此读外国书，也同读中国书一样，应当以平常心待之，只可论其优劣，而不可别以中外。

其次，由于学术传统的不同，中外学者的研究在许多方面有明显的差别。对于这些差别，我们应当采取的态度是取其长而弃其短，而非相反。

---

① 余英时：《关于韦伯、马克思与中国史研究的几点反省》，见余英时：《文化评论与中国情怀》，2版。

② ［日］加藤繁：《中国经济史考证》，中鸣敏序，北京，商务印书馆，1962。

有些人读外国书，一味盲从，即如余英时先生所言："最近海内外中国人文学界似乎有一种过于趋新的风气。有些研究中国文史，尤其是所谓思想史的人，由于受到西方少数'非常异义可怪之论'的激动，大有走向清儒所谓'空腹高心之学'的趋势"。而另外一些人则未读懂甚至根本未读外国书，却一味排斥之。典型的例子是施坚雅（G. William Skinner）关于市场系统与区域系统理论。此理论本来并非尽善尽美，可是平心而论，至少对于研究清代中期以来中国比较发达地区的经济史来说，该理论是颇有借鉴价值的。但是有些国内学者并未对该理论作深入研究，甚至尚未一览其书，便遽以"六边形"、"切蛋糕"六字概括之，使人以为其论荒诞不经，不值一览。这种做法，其实不仅可笑，而且可悲。

经过30年的改革开放，我国的史学已成为国际学术的一个重要组成部分。正如我在国际历史科学委员会北京会议上的讲话中所说的那样："中国具有世界上最久远和最系统的有记录的历史，同时也有人数最多的史学工作者队伍，因此中国史学家应当在国际学界有更大的声音"。只有多了解别人的想法，我们发出的声音才能让外人听懂。这需要我们更多地读外国书，更好地读外国书。否则，我们就只能永远陷于那种"躲进小楼成一统"的可悲景况。

漫谈“文化接轨”和“接轨心态”*

“与国际接轨”，是当今汉语新生语汇中使用频率最高者之一。不仅科技、经济、工商、学术、教育、文艺、体育各界人士，莫不挂在口边，即如饭店旅馆、旅游交通、服装鞋帽各行各业者，亦尽皆津津乐道于此。人不分行业，地不分东西，举国上下，众口一词说“接轨”，洵为90年代神州一盛况。

案“接轨”一词，显然借之于铁道用语。以往中苏交恶，中国铁路修到新疆西部某地就停下了，为的是防止苏联红军坦克尾随“老大哥”的火车长驱直入。后来两国和好，于是双方铁路也修通了，于是欧亚大陆桥随之建成。不过单单铁路相连还不是彻底的“接轨”，因为中国与西欧铁路是准轨，而“独联体”与东欧各国铁路是宽轨，所以火车到了中哈、俄波边境还需调整轮距，然后方可从连云港一路开到鹿特丹。因此，真正的“接轨”指的是改变我之既往，以符合人之现状，从而“冲出国门”也。广义上的“接轨”，虽未见有人下确切定义，但在实际运用中，我们可以作如下理解：“轨”者，事物运行方式或规范之谓也；而“与国际接轨”者，则是改变中国原有规范，以符合国际通行规范也。

对世界开放是我国社会经济现代化的必然之路。要对外开放，就不能

---

* 本文刊于《社会科学论坛》，2000（10）。

不改变我们原有的许多规范，而采用人家的规范，亦即努力做到“与国际接轨”。我国的火车轮距不调为俄国的宽距，就不能跨越欧亚。同样的道理，我国要加入世界贸易组织，也不得不按照人家制定的条件，调整自己的经济，尽管有些条件对我国并不公平。即使在向来被认为意识形态色彩较为强烈的社会科学研究方面，情况亦未必不然。林毅夫先生的《本土化、规范化、国际化》一文，针对我国近年来社会科学界出现的严重失序现象，提出应当引进推广国外比较成熟和公认的研究、写作、发表范式，加以规范化。至于在科技、经济、工商、贸易、教育、行政、体育、服务等行业中引进与推广国外比较成熟和公认的规范，其必要性更不说自明。因此，“与国际接轨”，是我国发展的必由之路。

在今日的各行各业的“接轨”高潮中，文化领域亦莫能置身事外。虽“接轨”口号在文化领域中未如在科技等领域那么鲜明，但是实际行动则似有过之，达到了令人惊叹的程度。从狭义的文化而言，多年来，国内文艺界人士一直大声疾呼中国文艺要“冲出国门”。既要“冲出”，就要“接轨”，否则岂不冲到东洋大海或中亚沙漠里去了？但是，文化领域却不同于经济、贸易、科技等领域，并没有一个世界贸易组织之类的机构来制定各种标准（即“国际通行之轨”）。那么，在文化领域中如何“接轨”？最佳捷径莫过于在“国际”上获得某项“公认”的“世界性”大奖（例如奥斯卡奖和诺贝尔文学奖）。因为这些大奖被认为代表了“国际影坛”、“国际文坛”等“世界文化”的最高水平，如果中国文艺作品有幸荣获这些大奖，中国文艺也就达到了“国际水平”，得到了“国际承认”，或者说“接”上了“国际”之“轨”了。可惜的是，冲来冲去，中国电影总是只能在奥斯卡奖评选的外围打圈子，而诺贝尔文学奖更是“高不可攀”，似乎命中注定与中国文学作品无缘。于是怨怼之情蜂起，感叹中国翻译界无人。然而热心人依然对这些大奖一往情深，追求不懈。高山仰止，景行行止，虽不能至，心向往之。不屈不挠，志在必得。今年既不中，明年又再来。其精神之坚韧不拔，实在感人。一些有心计者，见无法进行“正面强攻”，于是采取“迂回战术”，即将西方情节加以中国包装，以求受知于评委。更有甚者，某些作品在进行包装之时，细揣洋人心理，专拣某些洋人所乐见者，于是“小脚、长辫、大烟枪”，居然成了某些作品中“中国传统文化”的象征。鲁迅先生在《忽然想到》中曾说：“有些外人，很希望中国永是一个大古董，以供他们的赏鉴，这虽然可恶，却还不奇，因为他们究竟是外人。而中国竟也有自己还不够，并且要率领了少年、赤子，共成一个大古董以供他们的赏鉴者，则真不知是生着怎样的心肝”。对于那些专门从事“小、长、大”之类外销产品制作的文艺专业户，若鲁迅先生天上有知，想必也不见得会予以什么好评。更加令人叫绝的是，这种产品往往经“出口转内销”而坐享“墙外开花墙内香”的良好效应。例如，某部原先并不叫座的中国电影一旦得到了某项“国际大奖”或者仅仅被提名，马上就在国内起死回生，一夜之间“生猛火爆”了起来。

在广义的文化方面，情况更加明显。仅以服式为例，即可略见一斑。亚洲邻邦如南洋、南亚诸国，即使是西方文化熏陶至深的人士，在“国际场合”仍必着民族服装；而东亚中国文化圈中其他国家如日、韩、越等国人士，在“正式场合”，虽然男穿西服，但女依然多着其“国服”。唯有我们这个具有五千年文明的泱泱大国，才尽以西服为正。近年来，公职人员制服三年一小变，五年一大变，趋势总是越来越向西服靠拢。打开电视，各地乡村干部，在出席会议、接待上级、宴请宾客、誓师动员、表彰授奖各种“正式”场合，皆着西装，西服也几近成为“官服”。走到街头，每见小商小贩和废品收购人员，亦多身穿邋遢西服，沿街叫卖或叫买。至于大小公司经理、涉外宾馆饭店侍应生等社会中的高薪阶层人士，更是以其西服之完美傲视世人。在往返于中外的国际班机上，凡穿西服、打领带者，泰半是国人之赴外考察者（有趣的是，洋人反倒较少穿西服——谁愿在旅途中还受那份束缚呢?）。明人李乐戏改唐诗，以讥当时士人之尽衣红紫以求时髦，云："昨日到城市，归来泪满襟。遍身女衣者，尽是读书人"。而在今日，则可改为："昨日回国来，心里大吃惊。遍处西服者，只有中国人"。至于年轻或不年轻的女士们甘愿花钱受罪去割眼染发，隆鼻丰胸，以求在形体上"脱亚入欧"，更成为一时之盛。在此方面，国人"与国际接轨"的"力度"（借用时下时髦名词）之大，令人叹为观止。

感叹之余，我们也不得不对这种文化上的"接轨心态"稍加分析。首先，我们要看一看到底有没有这样一个文化上的"国际之轨"？接着看一看那些"公认"的"国际之轨"究竟是怎么回事？是不是有必要去努力"接"这种"轨"？

我国向来有"接轨"的传统。春秋时期诸侯争霸，胜者常常要求败者按照己方的标准，改变彼方境内田地起垄方向，以保障日后一旦争端再起，己方战车能够长驱直入彼疆，这可以说是"接轨"之滥觞。赵武灵王"胡服骑射"，用今天的话来说，也可以说是文化上的"与邻国接轨"。不过，公认在大范围内最早搞"接轨"的人，似乎是秦始皇。他统一中国之后，明令"车同轨，书同文"，开创了中国历史的新一页。自此以后，形形色色的"接轨"一直不断。北魏孝文帝的强制汉化，北周宇文泰的强制胡化，都是其例。朱元璋赶走了蒙古人，下令恢复汉唐衣冠，要少数民族与汉人文化"接轨"；而清朝入主中原，又强令汉人剃发留辫，与满人习俗"接轨"。尽管这些"举措"（又一次借用时兴语汇）都只限于中国国内，而且大多凭借政治力量推行，不过却倒都是货真价实的文化"接轨"之举。这些举措消除了地方和民族之间的隔阂，为中华世界的"天下大一统"，起了积极的作用。由此角度来看，今日文化上的"与国际接轨"，似乎也符合"人类大同"的大趋势。

确定一种轨距，大家都以此为标准去"接"之，本是经济一体化之必然。在铁路运输兴起于英国之初，多种轨距林立，出现了有名的"轨距大战"。到 1846 年英国议会决定以史蒂文森的 4 英尺零 8.5 英寸轨距为标准轨距之后，英国铁路运输系统的“接轨”才得以逐渐完成，从而国内经济一体化也才蓬勃发展起来。在今天，世界经济的“车同轨”正在逐步成为现实，因此在经济上努力“与国际接轨”，是一个大方向。然而，尽管世界在变小，天下“定于一”也是人类社会发展的终极远景，但如今在文化上“接轨”，借用太史公《报任少卿书》中的话来说，实属“大谬不然”之举。首先，直至今日，世界范围内的文化一体化（即“书同文”）还只是一个遥远的梦境，因此，要现在的人去做遥远未来的工作，正如要求一个正在蹒跚学步的婴儿，去像“马家军”健儿跑完马拉松全程一样不近情理。如要强求，事实证明是不行的（例如日本人从前在台湾搞的“皇民化”运动，除了一小撮为人不齿的汉奸外，绝大多数台湾人民是不接受这种刺刀下的“接轨”的）。其次，尽管“书同文”按理来说是大方向，但事实上是，在文化方面，一股与“一体化”相反的“多元化”潮流，似乎正方兴未艾于冷战之后的世界。例如，日本人高唱“脱亚入欧”百年之后，如今发现自己还是亚洲人。新加坡人之“西化”为亚洲之冠，但现在却声明“我们不是黄皮肤的英国绅士”，不是黄皮白心的“香蕉”。马来西亚人则调侃说：“我们的身材不同于西方人，因此西方衣服对我们来说总嫌太大”。至于伊朗等伊斯兰国家，过去多年积极推行西化的结果，却是今日文化上的全面复古。更有甚者，在西方文明的主要起源地之一的英国，英格兰人、苏格兰人、威尔士人虽然同文同教，而且缔结良缘已长达数百年，但是如今人们却大谈彼此之间的文化差异，激进者甚至于要求劳燕分飞，各自立国。我在苏格兰旅行时，几乎所遇到的每个人都郑重地提醒我：我们是苏格兰（Scott）人，不是英国人（English，即英格兰人），尽管言者并不一定是政治上的分立主义者。

既然文化是多元的，那么当然也就没有一个“国际通行之轨”。人为地设立这样一个“轨”，并以此来品衡一切，肯定是不妥之至。仁者乐山，智者乐水。兔者山之精，龟者水之灵。仁者爱兔奔腾之轻盈，智者喜龟优游之安闲，自是人之常情。如果一定要搞什么荒唐的“龟兔赛跑”或“龟兔赛泳”，只能令仁者太息而智者蹙眉。这种故事，作为一种“寓教于乐”的形象化教材，讲给幼儿园的小朋友们听，自然是不错的。但是如果大人依然迷恋于此，似乎就不大妙了。帕瓦罗蒂和梅兰芳的演唱，不用说都是头一流的，但是如果一定要把二位硬拉到一场“国际歌剧演唱大奖赛”中一决雌雄，结果一定令人啼笑皆非。如请维多利亚女皇任评委，梅氏必定败北无疑；而若由慈禧老佛爷裁决，帕氏又绝对榜上无名。因此之故，在诺贝尔文学奖的评选史上，鲁迅之输给赛珍珠，乃属必然。相反，如果赛珍珠输给了鲁迅，反倒会一如在意大利歌剧大赛中帕瓦罗蒂输给梅兰芳，令人匪夷所思了。对曹雪芹那样的伟大文学家来说，如果其呕心沥血之作《红楼梦》被一批没有读过老、庄、李、杜原著的评委判定达到了“世界水平”，想来他也绝不会感到这是一种荣誉。

从此种意义上来说，今日被视为“世界文化”评判标准的诺贝尔文学奖和奥斯卡电影奖，其实只不过是西方文化的评判标准，或者说只是为“兔”或“龟”一方而设立的，并非能够涵盖一切。诺贝尔文学奖并不具有世界意义，一如资中筠先生大文《诺贝尔文学奖具有世界意义吗?》所论。近日美国《基督教科学箴言报》文章《诺贝尔文学奖是如何产生的?》①，更直截了当地点明了该奖评选中在文化方面的局限性：在迄今为止获得过该奖的91位人士中，以欧洲主流语言之外语言写作的作家仅有5位，在这硕果仅存的5位中，如果再除去用欧洲的非主流语言写作的2位作家外，就只剩下日本的川端康成、大江健三郎和埃及的纳吉布·马赫福兹了。此外，正如诺贝尔本人所言：“公平不过是想象出来的东西”。这一点，诺贝尔文学奖的评选中也不是不存在。例如首位文学奖的评选就已颇为世人所诟病，因为评委们以“否认教会权威、国家权威和财产权”为由否决了众

---

① 该文摘登于《参考消息》，1998-10-19。

望所归的列夫·托尔斯泰而授予法国的普鲁多姆。在冷战时代，肖洛霍夫、索尔任尼琴等苏联作家曾被诺贝尔文学奖评委会选定为此项奖金得主，但这一决定到底是出于政治考虑还是完全凭艺术水准，以往曾有激烈争论，以至有些欧洲左派人士称此项奖金为给予“东方叛徒们”的奖赏。就有关中国的作品而言，没有多少文学圈中的人，会认为荣获此奖的赛珍珠的《大地》的水平高于根本未被提名的鲁迅的《阿Q正传》。至于奥斯卡奖，固然获奖者中不乏精品，但是此奖是否真的代表了“国际影坛”的最高水平，则即使在西方社会中也向来有争议。就我所知而言，许多学养深厚的人士并不看重之，甚者乃至不屑一顾。例如据我的经验，倘若在剑桥大学圣约翰学院每天的Teatime聚会上热情赞美好莱坞电影，就有可能会招来鄙薄的眼光。

尽管诺贝尔文学奖、奥斯卡奖并不具有世界意义，但是它们却被视为“国际文坛”、“国际影坛”最高水平的评判标准，引得无数英雄为之竞折腰。不必多说，这实际上乃是今日西方文化独大的产物。“冲出国门”、“为中国文艺在国际上争光”的口号虽然颇为动人，但是言者眼睛所盯，仍然是西方。尽管印度的电影观众人数为世界各国之首，尼日利亚读者的绝对总数也大大超过瑞典（尼国人口总数二十余倍于瑞典，即使识字率低，识字者的绝对数目仍然可能超过瑞典）。可是没有听说哪位中国文学家，打算将“冲”到尼日利亚作为其奋斗目标的；也没有听说哪位中国电影艺术家，把在印度电影节上获奖视为“在国际上争光”之事。可见，以西方人的臧否为“国际标准”而努力靠拢之，乃是文化“接轨”心态的潜台词。

在多元文化中“独尊一种，罢黜百家”的做法，本是一种十分荒唐的做法。各种文化出自不同文明，各有其优劣，并没有一种十全十美。例如浅而言之，西服自有其优点，不过其弊端（例如拘束身体）也是人人都可体会到的。林语堂在《论西装》① 一文中，将西服的缺点阐述得淋漓尽致，

---

① 该文收于林语堂：《林语堂绝妙小品文》，长春，时代文艺出版社，1993。

称西服“在论理上、美感上、卫生上，是决无立足根据的”，“倘若一人不是俗人，又能用点天赋的聪明，兼又不染季常癖，总没有肯穿西装的”。因此之故，今日西人穿之者也越来越少。卡特入主白宫，常着牛仔装以求方便；而多尔近日竞选总统，亦不复打林语堂称之为“狗领”的领带，以示潇洒无拘。据我所见，在美国大学里，西服笔挺者，多系第三世界国家初来美国之人士。在保持传统最甚的剑桥大学圣约翰学院，研究员（fellow）们晚餐一律全副行头：内着西服，外罩黑袍，五百年来坚持弗替。但近年来随着世风改变，学院对研究员们也“网开一面”，不再要求午餐亦如是。于是午餐时穿西服、打领带者寥寥无几。又如小脚、长辫和长衫，五四以来一直被视为中国落后的象征。但是从社会文化学的角度来看，弓鞋与高跟并无大异。高跟思想，属舶来革履，以之笑弓鞋思想之国货，为理亦未甚平。[①] 至于长辫长衫，在人类学家眼中，与西人之假发长袍并无二致。要说假发长袍必定优于长辫长衫，也是“为理亦未甚平”。因此，今日一以西方文化为“轨”而“接”之，于理言之，亦颇为荒唐。

嫌贫爱富，尊强鄙弱，本是贫者、弱者之常有心态。就西方而言，在伏尔泰时代，英国国力尚未发达，故英语文化颇为欧陆人士所不齿，以致伏尔泰轻蔑地说莎士比亚的戏剧只配马车夫观看。若请伏氏任诺贝尔文学奖评委，莎士比亚定然不能中选。直至第二次世界大战之前，英语文化依然还只能与法语、德语和俄语文化共分天下，并未独领风骚。只是到了第二次世界大战以后（特别是冷战结束以后），由于美国的经济、政治力量独步世界，英语文化独尊的局面方得渐次形成。也正因为如此，奥斯卡奖、诺贝尔文学奖也才成为世人心中的最高境界（尽管后者要求的语言还包括法语），而以超短裙、牛仔裤、摇滚乐、麦当劳、可口可乐等为象征，原先被视为“登不得大雅之堂”的美国大众文化，也才得以风靡世界。

---

① 参见林语堂：《林语堂绝妙小品文》，304～305页。

在中国与西方的两种文化的相互关系中，情况亦如是。在中国国力尚称强大之时，国人在文化方面效仿的楷模并非是西洋。明清中国“领导时代新潮流”的，是苏州的戏曲、书画、小说、饮食、衣着，远道而来的欧美人被视为尚未开化的“红毛番人”，没有多少人会去仿效其文化。相反，在18世纪的欧洲，不仅启蒙思想家们把中国视为“理想国”而极力讴歌，而且欧洲上流社会也崇拜中国文化成风，“男人梳辫子，女人执扇子，公卿穿绸缎，士人藏磁器，宫廷妃嫔乘轿出进”，皆为时髦。后来西方强大了，中国文化也随国势的下落而变得一钱不值。因为国弱，中国人也失了自信心。于是“凡是舶来货都是好的，古老的都是不好”①。流风所及，直至今日。

因此，所谓文化的“国际标准”，实际上只是强者文化的代称。今日一以西方（特别是美国）文化为“国际标准”，实际上乃是西方（特别是美国）经济政治强权在世界文化领域中的表现。国力强，一切俱佳；国力弱，一切皆劣。西方强，故一切应以西方为“轨”以“接”之，“脱亚入欧”或“脱土入洋”。“见强思齐焉”，也就演化为“见洋思齐焉”了。

然而，“三十年河东，三十年河西”。天道不常，也没有西方永远是强者的道理。今日东亚（特别是中国）在经济上的崛起，似乎也预示着西方文化独尊之局将难以为继。既然西方文化不复一定再是“轨”，国人原有的那种“接轨”心态亦似可以改变。否则，倘若有朝一日西亚、南亚国家在经济上走到了前头，国人岂非又要改穿阿拉伯大袍或印度沙丽、舍弃筷子而用手抓食了呢？一个自己无定见的人，要追赶时髦，总是无法赶上的，正如契诃夫小说《跳来跳去的女人》中的主人公那样。是真名士自风流。一个有自信的人，断不会不分青红皂白，尽舍我之既有，以“接”他人成“轨”。“邯郸学步”，结果往往只是“东施效颦”或“沐猴而冠”而已。有五千年文化积存和十二亿人口的中国，何必一定要事事以西方为标准而去

---

① 《林语堂绝妙小品文》，215、266、384页。

"与国际接轨"呢？

当然，我决不是说传统文化尽善尽美，而西方文化一无是处，主张文化上的自我封闭或所谓的"文化保守主义"。相反，我认为中国传统文化自身缺陷甚多，而西方文化中确有许多东西值得我们学习。为振兴、发展中国文化，非采取鲁迅先生的"拿来主义"不可。贝多芬的音乐、莎士比亚的戏剧、伦勃朗的绘画和米开朗琪罗的雕塑确是珍品，当代美国的大众文化也有许多方面的确不错，我们都可"拿来"。这里我所要说的，只是"拿来"要有个合理的取舍标准，不能以人之是非为己之是非。传统文化中确有许多东西应当舍去，但舍去的正确理由，应当是它们有害或不方便，而不必出于它们不能"与国际接轨"。例如，缠足之弊，是因为此种恶习摧残妇女身体与精神，而非因为西人无此俗。因此废止缠足之后，再仿效西人追求高跟，则似大可不必（因为从性别歧视的意义上来说，缠足与高跟只是五十步之与百步而已）。长衫马褂也应当抛弃，但也只是因为其不便（如果我们不再把满族视为"鞑虏"的话），一如西人之假发长袍乃至燕尾西服因其不便而亦在被逐渐舍弃一样。"拿来主义"造就了恢宏的盛唐文化，遗泽至今尚见于东亚文化。但是我们并未听说唐人因好龟兹乐而舍清商乐，或因慕佛陀而弃老庄孔孟。深具自信而方能真正采取"拿来主义"，此其唐代文化所以不朽之一因乎？

总之，在当今的"接轨"大潮中，似有必要对国人的"文化接轨"心态进行反思。兹模仿禅宗六祖慧能的著名偈语，戏诌打油诗一首以结束本文：

大千世界中，文化自多彩。
本来无一"轨"，何事言相"接"？

附录：如何培养优秀人才

大学应该培养文明的传承者*

——《大学周刊》采访（节选）

一、我国学术的总体水平与国际主流学术水平还有较大差距

《大学周刊》：您在《论学术与学术标准》一文中提到，中国“文科学术著作数量惊人，但质量堪忧。想要进入国际学术主流很难，要成为世界一流更没有可能”，这是否意味着中国的文科，甚至也包括自然科学的研究永远只能跟在国际学术主流的后面？

李伯重：如果有一个公认的标准的话，我们就要承认，我国学术的整体水平，不论是文科还是理科，和国际主流学术的水平，和国际学术的前沿，还有相当大的距离。这一点，大家都会同意，不用多说。现在关键是，这个距离是不是永远会成为一个距离？或者说，这个距离会不会扩大？这取决于两方面的原因，一是国际水平的提高，另一个是我国学术的进展。国际水平肯定是在不断地发展的，这个我们是没有办法去控制的。但我们自己的努力，则是我们可以做的。如果我们能够针对我们现在存在的问题，给予足够的重视，那么上述这个距离是可以逐渐缩短的，将来在某个时候能够达到国际水平甚至在某个领域超过国际水平，也是有可能的。相反，

---

* 本文刊于《科学时报》，2005-08-22。

如果我们现在不正视这个问题，那么这个差距就会越来越扩大，要赶上它就会遥遥无期，甚至会离国际水平越来越远。

我国学术在国际学界中如果不处于领先的地位，那么自然要受到主流学术的严重的影响，肯定只能是跟着别人去做。所以对于这个问题，我觉得主要是取决于我们自己。

《大学周刊》：您还提到“中国学者有愧于这个时代”。造成这一现象是因为学者自身的原因，还是整个浮躁的社会环境、时代环境的原因？

李伯重：我觉得两方面的原因都有。当然如果学者要推卸责任的话，那我们可以说“形势比人强”，但是学者自身也不是没有问题的。因为学术的传统、高等教育的理念，虽然政府有很大的影响力，但也不能完全左右。这个传统和理念，实际上都是全社会共同努力的结果。

我所去过的国外精英大学，没有一个提出我们要培养专家、培养工程师、培养科学家、培养高级官员，他们的培养目标就是“培养有教养的公民，或者是文明的传承者、继承者”。在这样一种气氛中，学者自然也就知道，自己应该在这种传统中继承发扬这种传统。而我们国家，原有的一些传统和新中国成立以后引进的一些现代的教育的理念，在“文化大革命”中都被破除了。“文化大革命”后重建我们的高等教育，可以说是一片空白。在这样的情况下，国家的引导就显得格外重要。而国家在引导方面，例如在评价体系方面，我觉得似乎还没有很成熟的想法，还在“摸着石头过河”。国家现在力争使我国学术能够赶上国际的水平，但是怎么去做还是有待商讨。这恐怕还需要做更多的调研，发动更多的学者和老师进行讨论，才能够找到更加合理、更加稳妥的方式。如果是好心，但办法不得当，就会形成一种“大跃进”的气氛，“大跃进”的思维肯定是办不好事的，经济上这样，教育上也是这样。

二、学术垃圾泛滥，评估体系难辞其咎

《大学周刊》：您对现在的高等教育评估怎么看？

李伯重：评估在西方也是有的，而且有各种不同的标准。在西方的一流大学，对社会上通行的评估标准也都有很多不同的看法，比如认为过于商业化等等。但是比较起西方的评价标准，我个人觉得我国今天的评价标准更成问题。

首先，我国现在的评价，不是由一个独立的和有信誉的社会机构来进行评估的。如果一个人既当裁判员又当运动员，肯定不会给人一个公正的印象。

其次，据我所知，不仅在我国大陆，而且在整个华人世界（包括我国的香港、澳门和台湾，以及新加坡），在对学术成果的评估中都有一种"量化"的倾向。这种所谓的量化，表面上看来科学，实际上未必如此，因为有很多东西是不可以量化的。不可以量化的东西一定要用量化的标准来衡量，那就是违背了规律，这样做出来的结果肯定是不合实际的。这样的标准如果建立起来，我想是误导而不是引导。

《大学周刊》：有人说现在形形色色的评估让老师已经不能安心于教学，您怎么看现在的评估体系？

李伯重：现在的评估体系问题很大，也很不合理。在这样的体系下，如果一个教师真的完成了所有的评估的话，那他做的结果一定不是最好的。人的能力毕竟有限，要求一个老师每年写那么多文章、写那么多书，然后又教那么多课，就如清华的一位海归学者所指出的那样，现在我们要求一个讲师、副教授做到的工作，在美国没有一个正教授能够做得到。这些要求表面上看来是非常高但实际上却做不到，因此肯定不起什么积极的作用。我们国家现在学术垃圾那么多，平庸之作那么多，在各种表格中谎话假话那么多，很大程度上就是因为现在的评估体系。如果一个学者是真正负责任的，他是不会这样做的。

我在哈佛的时候，杜维明先生对我说，哈佛哲学系最近十年内出的最好的一本书，是罗尔斯教授的《正义论》。他写这本书用了十年的时间，在这十年里，他一篇论文都没发表。当时的系主任问他，“你在做什么工作?”他就给主任看了自己的手稿，系主任一看，说“好，你就专心写这本书吧”。如果按照我国现行评估体制的话，罗尔斯早就下岗了，也就不会有《正义论》这本书了。按照我国现在评估体系和社科政策的要求，学者两三年就能出一本书，哪里可能“十年磨一剑”。匆匆做成的急就章，除了应付上面的检查之外，没有任何作用，只能造成各种社会资源极大的浪费。而且更加荒谬的是，我国许多学校要求研究生在学期间要发表文章，硕士生两篇，博士生四篇，而且还要求是发表在一流刊物上。比方说《历史研究》是我国历史学的顶级刊物，因为要求很高，全国绝大多数历史教师一辈子都没有可能在上面发表一篇文章。而现在竟然要求学生在这样的刊物上发表文章，那实在是太荒谬了。我很怀疑像这样的要求有助于我们的教育发展。现在许多老师都感觉近年来培养出来的研究生，质量呈每况愈下之势。对此，现行的评估体系应是难辞其咎。还有像现在所谓的 SCI 工程，那也极其荒谬。SCI 就是一个索引，没有任何特殊的意义，但是现在许多学校都在积极热衷于此事，真的是非常荒谬的事情。像这些事情既不符合中国实际，也不符合国际惯例，这是中国一种独一无二的现象。

《大学周刊》：但是现在许多老师也都热衷于此，您认为是什么原因呢?

李伯重：之所以会这样，我想第一是许多老师自己对学术和教育的真谛缺乏深入了解；第二是一种自卑的表现。一个人的工作好不好，我们完全不能判别，只好用一些别人的指标来判别。

《大学周刊》：在大学里，作为培养人才的教师，应该做哪些努力呢?

李伯重：在大学这样一个机构中，我们不能脱离现实，要求每个教师都是理想的教师，但我们应该向这个理想的方向去做，尽量使我们教师的思想和行为符合全面培养学生的一个方向。我相信随着我们的教师队伍不断地吸收新鲜的血液，随着我们现在教师队伍的不断自我提高，会逐渐地改变现在这种状况。其实最近这 20 年来，中国的教师队伍已经发生了很大的变化。总的来说，我们今天已经有了很大的进步。但是我们还是希望政府和社会方面能够多给教师一些鼓励，能够多创造一些氛围，让教师能够真正地更好地领会现代教育的要义，这样我们教师队伍的变化就能够更加快一些、更加完善一些，我们大学也就能够取得更大的进步、更大的成就。

三、教师与学生应更加重视现代教学理念和人文精神在大学中的地位

《大学周刊》：您在国外许多大学都做过客座教授，也接触过我国台湾的学生，在接触这些学生的时候，有没有感觉到他们之间的差距？

李伯重：感觉还是有一些的。比如说，我曾经在美国加州理工学院教过一个学期，教本科生中国历史。当年该校的新生，有十分之一选修了这门课。这些学生都是来自世界各地，其中也有一个国内转学过去的。他曾经在国际奥林匹克物理大赛中得奖，按照国内的标准来说是非常出色的。但是比较这个学生和班上其他学生，就可以看出差别非常大。别的学生选这门课，是因为他们觉得应该了解有古老的文明、有占世界五分之一的人口的中国和它的过去。他们是出于对中国的兴趣才选的。因此选这门课，他们都下了很大的工夫，非常认真地上课、读书和讨论，而且讨论中都争论得很热烈。而那位国内来的学生则表现很差劲，显然只是为了拿个分数。他之所以能有这样的表现，原因就是他在国内已经形成这种观念："我是学理工科的，文史（就算是自己祖国的历史）并不重要"。从这个例子你就可以看到两种不同的教育制度下的学生，对"什么是高等教育，高等教育应该使我有什么收获"的理解有非常大的差异。

对比大陆和台湾的学生，在对于中国传统文化的了解方面，我觉得我国台湾学生更有优势。他们不仅读文言文的能力要比大陆的学生强，而且更多地保持了一些比较优秀的中国传统（比如说尊师重道）。这主要是因为台湾中小学教育中，对于中国传统文化的重视程度较大，中国传统文化的分量要比大陆大得多。

《大学周刊》： 您觉得学生有这样的表现是什么原因造成的？

李伯重： 这不止是我国现行教育体制的原因，也是“文化大革命”破坏的一个严重的后果。“文化大革命”期间把一切都破掉了，实际上“破四旧”破的就是我们自己的民族精神。这个后果非常严重，其损害几代人都难以弥补。“文化大革命”以后，我们对于“文明”、“传统”，也大多持一种否定的态度。结果就导致学生的人文知识是一片空白。现在大学里面临着一种人文精神的缺失，取而代之的是一种强烈的追求实用的倾向，在有些方面非常功利。这也是中国现在整个社会的一种心态。学生在这样的气氛中成长起来，在追求知识方面也就变得非常功利主义。这可能是使我们的高教成为世界一流的最大的阻碍。

《大学周刊》： 现在很多学校都要力争建成世界一流的大学，您对这一现象怎么看？

李伯重： 什么是“世界一流大学”，在西方并没有一个一致的看法。但是在主要的名牌大学排名榜上，在前面十位二十位的，差不多都是某些学校。所以，可以找出这些大学的共同性来。这些共同性和特点，就可以理解为是世界一流大学的标准。如果中国的大学真的想要建成世界一流大学，却不把这些标准搞清楚，你怎么去建立呢？清华老校长梅贻琦有句名言：“大学者，非大楼之谓也，乃大师之谓也”。现在国内对一流大学的理解，似乎与此背道而驰，因此都在拼命地合并、扩招、建大楼、养草坪。中国许多大学的环境和外观，要比现在西方许多的名牌大学更漂亮，但是却没有大师，也没有一种深厚的学术氛围。这样的学校，很难说到底是几流。这个情况是目前中国大学面临的最严重的情况。我们到底是要在房子上去建一流大学，还是在最根本的大学宗旨上去建立一流大学，这是最值得思考的问题。

《大学周刊》： 您心目中的一流大学是怎样的？

李伯重： 我们首先要弄清大学是干什么的。大学的中心工作是培养人。

由于大学培养的是比较高级的人才，因此对社会的影响就很大。我们现在培养的学生，20 年后就是社会的中坚，是社会各方面的领导者。今天种下什么样的种子，20 年后就会收到什么样的结果。

真正的大学精神就是文明的传承，一切都应该服从这个目的。在大学里，最重要的就是要有好的老师，有好的学生。但是有了好的学生，怎么能够使他们成为真正的文明的传承者、成为社会的栋梁，就在于我们用什么样的方法来培养他们。教师不仅要向学生提供自己的最好的知识，而且要帮助学生树立一种对文明的兴趣和责任感。梅贻琦校长说大学要有大师，而按照我的理解，所谓大师，不仅是某一方面的专家，而且应该对人类文明有比较全面的了解。只有这样，才能够很好地教育学生，才是大师。如果一个人只是非常优秀的学者，他可以不到大学，可以到专门的研究机构工作。但如果在大学里面，就需要把自己对文明的认识、理解和热爱传授给学生，而且是用最好的方式传授给学生。而对于学生来说，也不能只是把高等教育当成单纯追求知识的地方，而是当做一个自己能够得到全面发展的地方。只有这样，才是真正的大学。西方的名牌大学的教育，就始终围绕着培养全面发展的人这一个中心。所谓全面发展的人，指的不仅是在知识上，而且是在人格上、在人的内心世界上，都力求完善的人。

如果一个大学能够做到这点，那就是好大学，反过来，如果做不到这点，即使培养出再多的专门人才，也只是专科学校，不一定是一流大学。所以我们要使我们的大学成为一个最好的老师和最好的学生相结合，同时用最好的方法去培养学生的地方，我觉得这就是一流的大学。

《大学周刊》：现在许多学校都在兴建国学院，您觉得在现在这种情况下，建国学院有没有一个比较好的影响？

李伯重：传播我国的传统文明，是我们大学教育的重要任务。进行这项工作有许多方法，建立国学院是一种探索。我们要做的是使教师和学生更加重视现代教学理念和人文精神在现代大学中的地位，并且把它转化为行动。国学院是培养“国学”研究的专门人才的地方，在那里学生需要接受专门的学术训练。能够到国学院读书的学生不可能很多，但绝大多数学生也需要了解我国的传统文化。因此，我们需要更多的方法来做推广传统文明的教育工作。

《大学周刊》：您认为在大学里面应该怎么去做人文教育?

李伯重：我觉得任何手段都是形式，最重要的是实质。当然，任何实质都是通过一定的形式表现出来的，但是形式必须要服从实质。我们要做事，必须知道要达到什么目的，不能为讲座而讲座、为上课而上课，不要把上课又变成学生追求学分的一种手段。在理想的情况下，人文精神应该体现在校园文化、环境以及气氛上，大学应该既教学生求知，又教学生做人。如果中国校园氛围不是那么功利主义，不是学分挂帅、成绩挂帅，可能人文精神更容易在学生的心里生根发芽。

参考文献

（依作者姓氏拼音为序）

1978—2005年中国历年的GNP和GDP.《小康》杂志见习记者肖建龙据国家统计局历年统计公报及《世界经济年鉴》等整理. 小康，2006（3）

Allen，Robert. *The British Industrial Revolution in Global Perspective*，Cambridge University Press（Cambridge，UK），2009

阿尔都塞，路易. 保卫马克思. 中译本. 北京：商务印书馆，1984

巴勒克拉夫，杰弗里. 当代史学主要趋势. 中译本. 上海：上海译文出版社，1987

波普尔，卡尔. 二十世纪的教训：卡尔·波普尔访谈演讲录. 中译本. 桂林：广西师范大学出版社，2004

Braudel，Fernand. *Civilization and Capitalism，15th—18th Centuries：The Structure of Everyday Life*（English version），Vol. 1，Harper & Row（New York），1981

Braudel，Fernand. *Civilization and Capitalism，15th—18th Century，The Wheels of Commerce*，Vol. 2，Harper & Row（New York），1986

布罗代尔，费尔南. 历史和社会科学：长时段. 中译本. 收于蔡少卿编. 再现过去：社会史的理论视野. 杭州：浙江人民出版社，1988

Bray，Francisca. *The Rice Economies：Technology and Development in Asian Societies*, Basil Blackwell (Oxford), 1986

Burke, Peter. *The French Historical Revelation: The Annales School, 1929—89*, Stanford University Press (Stanford), 1990

曹顺庆，王庆. 中国文学理论的话语重建. 文史哲，2008（5）

常建华. 社会史研究的立场与特征. 天津社会科学，2001（1）

陈峰. 两极之间的新史学：关于史学研究会的学术史考察. 近代史研究，2006（1）

陈建军. 长江三角洲地区产业结构与空间结构的演变. 浙江大学学报（人文社会科学版），2007（2）

陈启能. "后现代状态"与历史学. 东岳论丛，2004（2）

陈寅恪. 吾国学术之现状及清华之职责. 见：陈氏《金明馆丛稿》二编

陈寅恪. 冯友兰中国哲学史下册审查报告. 见：陈氏《金明馆丛稿》二编

陈寅恪. 金明馆丛稿二编. 上海：上海古籍出版社，1980

陈寅恪. 陈寅恪文集. 第三册. 上海：上海古籍出版社，1980

陈支平. 20世纪中国历史学的三大情结. 厦门大学学报，2001（4）

Coleman, Donald C. "What has happened to Economic History? An inaugural lecture," delivered in the University of Cambridge on 19 October, 1972

De Vries, Jan. "The Population and Economy of the Pre-industrial Netherlands," in *Journal of Interdisciplinary History* (Cambridge, MA), Vol. 15, No. 4

Elvin, Mark. *The Pattern of the Chinese Past: A Social and Economic Interpretation*, Stanford University Press (Stanford), 1973

范金民. 明清商事纠纷与商业诉讼. 南京：南京大学出版社，2007

Feuerwerker, Albert. "Presidential Address: Questions about China's Early Modern Economic History that I Wish I Could Answer," In *Journal of Asian Studies* (Ann Arbor), Vol. 5, No. 4

Frank, Andre Gunder. *ReOrient: Global Economy in the Asian Age*. Vistaar Publications (New Delhi), 1998

傅斯年. 史学方法导论. 见：傅斯年全集. 第 2 册. 台北：联经出版事业公司，1980

傅斯年. 历史语言所工作之旨趣. 国立中央研究院历史语言研究所集刊. 第 1 本第 1 分（广州），1928 年 10 月；又见：傅斯年全集. 第 4 册. 台北：联经出版事业公司，1980

傅衣凌. 明清封建土地所有制论纲. 上海：上海人民出版社，1992

傅衣凌. 傅衣凌治史五十年文编. 厦门：厦门大学出版社，1989

傅杰编. 自述与印象：章太炎. 上海：上海三联书店，1997

弗格森，尼尔. 罗斯柴尔德家族. 第 1 部. 金钱的先知. 北京：中信出版社，2009

Fusfeld, Daniel R.. *The Age of the Economist* (the fourth edition): Scott, Foresman and Company (Glenvieu, Illinois, London), 1982

Goldstone, Jack. "Efflorescences and Economic Growth in World History: Rethinking the 'Rise of the West' and the Industrial Revolution," in *Journal of World History*, Fall 2002

宫崎市定. 宫崎市定论文选集. 中译本. 中国科学院历史研究所翻译组编译. 北京：商务印书馆，1963

郭奔胜等. 2009 年长三角地区 16 个城市 GDP 平均增速达到 11%. 原发布于新华网，转载于 http://www.cnwaizi.com/Article/2010-02-20/3214.shtml

郭沫若. 近两年来的中国历史学. 光明日报，1951-07-29

顾颉刚．当代中国史学．上海：上海古籍出版社，2002

海尔布罗纳，罗伯特．几位著名经济思想家的生平、时代和思想．中译本．北京：商务印书馆，1994

何炳棣．读史阅世六十年．台北：允晨文化实业股份有限公司，2004

何兆武，陈启能主编．当代西方史学理论．北京：中国社会科学出版社，1996

何兹全．何兹全文集．第1卷．北京：中华书局，2006

ィ．ヘデ．万物解．Isidor Hedde. *Description Methodique des Produits Divers*，1848．宫崎市定日译．收于宫崎市定．ァジァ研究．Vol. 2. 京都：京都大学出版会，1959

Hicks，John. *A Theory of Economic History*，Glarendon Press (Oxford)，1991

Ho，Ping-ti. *Studies on the Population of China，1368—1953*，Harvard University Press (Cambridge)，1959

Hobsbawm，Eric J. "From Social History to the History of Society，" in M. W. Flinn & T. C. Smout，eds.，*Essays in Social History* (Oxford)，1974

胡适．四论问题与主义——论输入学理的方法．每周评论，第37号(1919)，见：《胡适文存》卷二

胡适．论国故学（发表于1919年）．见：《胡适文存》卷二

胡适．胡适文存．卷二．上海：亚东图书馆，1923；又见：《胡适作品集》．台北：远流出版公司，1986

胡适．中国哲学史大纲．上卷．台北：里仁书局，1982

黄延复．水木清华——二三十年代清华校园文化．桂林：广西师范大学出版社，2001

Hornby，A. S. 牛津高阶英汉双解词典（*Oxford Advanced Learner's*

English-Chinese Dictionary). 第 4 版，商务印书馆（北京）与牛津大学出版社（中国）有限公司（香港），1997

霍布斯，约翰. 西方文明的东方起源. 中译本. 济南：山东画报出版社，2009

侯建新主编. 经济—社会史：历史研究的新方向. 北京：商务印书馆，2002

黄进兴. 后现代主义与史学研究：一个批判性的探讨. 北京：三联书店，2008

Huang，Philip. *The Peasant Family and Rural Development in the Yangzi Delta*，*1350—1988*，Stanford University Press（Stanford），1990

Huang，Philip. "The Paradigmatic Crisis in Chinese Studies：Paradoxes in Social and Economic History，" in *Modern China*（Los Angeles），Vol. 17，No. 3

黄宗智. 中国经济史中的悖论现象与当前的规范认识危机. 史学理论研究. 1993（1），后来作者作了修改。兹引自黄氏的个人主页 http://www.lishiyushehui.cn/modules/topic/detail.php? topic_id=71

季羡林. 我的学术总结. 收于季羡林. 学海泛槎. 太原：山西教育出版社，2000

加藤繁. 中国经济史考证. 中译本. 第一卷. 北京：商务印书馆，1962

肯尼迪，保罗. 大国的兴衰：1500—2000 年的经济变迁与军事冲突. 中译本. 北京：国际文化出版公司，2006

勒高夫，雅克. 新史学. 中译本. 收于蔡少卿主编. 再现过去：社会史的理论视野. 杭州：浙江人民出版社，1988

Lee，James and Wang Feng. *One Quarter of Humanity*，Harvard University Press（Cambridge，MA，USA），1999

李伯重. 明清江南工农业生产中的燃料问题. 中国社会经济史研究，

1984 (4)

李伯重. 明清时期江南地区的木材问题. 中国社会经济史研究，1986 (1)

李伯重. 明清江南工农业生产中的动力问题. 浙江学刊，1986 (4)

李伯重. 水转大纺车及其历史命运——兼探明清中国未能出现工业革命的原因. 第 3 辑. 平准学刊，1986

李伯重. 明清江南社会生产中的铁和其他贱金属. 中国史研究，1987 (2)

李伯重. 简论“江南地区”的界定. 中国社会经济史研究，1991 (1)

李伯重. 斯波义信《宋代江南经济史研究》评介. 中国经济史研究，1990 (4)；又见：李伯重. 理论、方法、发展、趋势：中国经济史研究新探

李伯重. 控制增长，以保富裕：清代前中期江南的人口行为. 新史学（台北），第 5 卷第 3 期 (1994)

李伯重. “年鉴学派”——一个重要的历史学派. 百科知识，1996 (6)

李伯重. 中国经济史学中的“资本主义萌芽情结”. 读书，1996 (8)；又见：李伯重. 理论、方法、发展、趋势：中国经济史研究新探

李伯重. 清代前中期江南人口的低速增长及其原因. 清史研究，1996 (2)

李伯重. 节制生育，控制增长——清代前中期江南人口问题探讨. 计划生育研究，1996 (3)

李伯重. “相看两不厌”——王国斌《转变的中国——历史变迁及欧洲经验的局限》评介. 史学理论，2000 (2)

李伯重. “选精”、“集粹”与“宋代江南农业革命”——对传统经济史研究方法的检讨. 中国社会科学，2000 (1)

李伯重. 堕胎、避孕与绝育：宋元明清时期江浙地区的节育方法及其

运用与传播．中国学术，2000（1）

李伯重．资本主义萌芽研究与现代中国史学．历史研究，2000（2）

李伯重．唐初至清中叶江南人口的变化——答陈意新《节育减缓了江南历史人口的增长?》．中国学术，2001（3）

李伯重．历史上的经济革命与经济史的研究方法．中国社会科学，2001（6）

李伯重．纺、织分离：明清江南棉纺织业中的劳动分工与生产专业化．见王业键，陈慈玉主编．薪火集：传统与近代变迁中的中国经济——全汉昇教授九秩荣庆祝寿论文集．台北：稻禾出版社，2001

李伯重．发展与制约——明清江南生产力研究．台北：联经出版事业公司，2002

李伯重．“楚材晋用”？——元代中国的水转大纺车与18世纪中期英国的阿克莱水力纺纱机．历史研究，2002（1）

李伯重．多视角看江南经济史（1250—1850）．北京：三联书店，2003
李伯重．历史上的经济革命与经济史的研究方法．中国社会科学，2001（6）

李伯重．走出汉学界——从《人类的四分之一：马尔萨斯的神话与中国的现实》谈起．视界，2001（5）

李伯重．“融入世界”：新世纪我国中国经济史学的发展趋势．见：吴焯主编．清华人文社会科学专家谈21世纪的中国与世界．北京：人民出版社，2001

李伯重．理论、方法、发展、趋势：中国经济史研究新探．北京：清华大学出版社，2002

李伯重．明清江南农业中的肥料问题．见：李伯重．千里史学文存．杭州：杭州出版社，2004

李伯重．江南农业的发展，1620—1850．中译本．上海：上海古籍出

版社，2007

李伯重. 回顾与展望：中国社会经济史学百年沧桑. 文史哲，2008（1）

李伯重. 江南的早期工业化，1550—1850. 修订版. 北京：中国人民大学出版社，2010

李伯重. 中国的早期近代经济——1820 年代华亭—娄县地区 GDP 研究. 北京：中华书局，2010

Li，Bozhong. *Agricultural Development in Jiangnan，1620—1850*，Macmillan Press（Houndmills & London）and St. Martin Press. Inc.（New York），1998

Li，Bozhong. "Retrospect and Prospect：The Rise of Chinese Economic History," in *The Chinese Historical Review*（USA），Vol. 15，No. 1，2008

Li，Bozhong. "China's National Market，1500—1840," paper presented to The 21st International Congress of the Historical Sciences（August 24-27，2010，Amsterdam，the Netherlands）

Li，Bozhng & Jan Luiten van Zanden. "Before the Great Divergence? Comparing the Yangzi Delta and the Netherlands at the beginning of the nineteenth century," paper for the Asian Historical Economics Conference（Beijing 19-21 May 2010）

李存山. 不必都是"纯学术"——回应李伯重先生. 社会科学论坛，2005（7）

李根蟠. 中国经济史学百年历程与走向. 经济学动态，2001（5）

李根蟠. 中国经济史学形成和发展三题. 见：侯建新主编. 经济—社会史：历史研究的新方向. 北京：商务印书馆，2002

李根蟠. 唯物史观与中国经济史学的形成. 河北学刊，2002（3）

李埏. 张荫麟先生传. 史学史研究，1993 (3)

列宁. 列宁选集. 第 3 版，第 4 卷. 北京：人民出版社，1995

梁启超. 饮冰室合集. 北京：中华书局，1989

梁启超. 梁启超论清学史二种. 上海：复旦大学出版社，1985

梁启超. 饮冰室文集. 点校本. 昆明：云南人民出版社，2001

梁启超. 南海康先生传. 收于饮冰室文集. 点校本. 第 3 集

梁启超. 学与术. 收于饮冰室文集. 点校本. 第 3 集

林语堂. 林语堂绝妙小品文. 长春：时代文艺出版社，1993

林毅夫. 本土化、规范化、国际化. 经济研究，1995 (10)

林则徐. 太仓等州县卫帮续被歉收请缓新赋折. 见：林文忠公政书. 江苏奏稿，卷二. 重印本. 北京：中国书店，1991

刘兰兮（执笔）. 中国经济史研究前沿扫描. 中国社会科学院院报，2007-05-08

刘新成. 全球史观与近代早期世界史编纂. 世界历史，2006 (1)

刘东. 理论与心智. 南京：江苏人民出版社，2001

刘亚猛. 黑色雅典娜. 外国语言文学. 2008 (4)

刘擎. 建构纯粹的“中国范式”是否可能. 文汇报，2009-08-09

龙秀清编译. 西方学者眼中的经济—社会史. 收于侯建新主编. 经济—社会史：历史研究的新方向. 北京：商务印书馆，2002

鲁滨孙. 新史学. 中译本. 桂林：广西师范大学出版社，2005

罗志田. 史料的尽量扩充与不看二十四史. 历史研究，2000 (4)

罗志田主编. 20 世纪的中国：学术与社会. 史学卷. 上册. 济南：山东人民出版社，2001

罗乐敏. 城市群带动一体化. 发布于 http://www.skyscrapercity.com/show thread.php? p=35588610

Ma, Debin. “Modern Economic Growth in the Lower Yangzi in 1911—

1937：A Quantitative，Historical and Institutional Analysis，” in http://www.fasid.or.jp/chosa/kenkyu/senryaku/kaihatsu/seika-discussion.html

马乘风．中国经济史．第一册．北京：中国经济研究会，1935

马克思．中国革命和欧洲革命．见：马克思恩格斯选集．第2版．第1卷．北京：人民出版社，1995

马克思．致巴·瓦·安年柯夫（1846年12月28日）．见：马克思恩格斯选集．第2版，第4卷．北京：人民出版社，1995

马克思．路易·波拿巴的雾月十八日．见：马克思恩格斯全集．中文1版．第8卷．北京：人民出版社，1999

马克思，恩格斯．马克思恩格斯全集．中文1版．第12卷．北京：人民出版社，1962

马克思，恩格斯．马克思恩格斯全集．中文1版．第19卷．北京：人民出版社，1972

马立诚．交锋三十年——改革开放四次大争论亲历记．南京：江苏人民出版社，2008

马敏．如何理解史学研究中的“范式转换”．北京行政学院学报，2002（4）

Macfarlane，Alan & Iris Macfarlane. *Green Gold：The Empire of Tea-The Remarkable History of One of the Most Important Plants Known to Mankind*，Ebury Press（London），2003

Maddison，Angus. *The World Economy：A Millennial Perspective*. OECD Development Centre（Paris），1995

Maddison，Angus. *Chinese Economic Performance in the Long Run*. Development Centre of the Ogranisation for Economic Co-Operation and Development（Paris），1998

Maddison，Angus. *Chinese Economic Performance in the Long Run*

(Second edition, revised and updated: 960－2030 AD). Development Centre of the Ogranisation for Economic Co-Operation and Development (Paris), 2007

毛泽东. 毛泽东选集. 北京：人民出版社，1991

宫崎市定（Miyazaki Ichisada). 宋代における石炭と铁. 東方学（东京). 第13辑. 1957

Mote, Frederick W. "A millennium of Chinese Urban History: Form, Time and Space Concepts in Soochow," in Robert A. Kapp eds., *Rice University Studies—Four views of China*. 59.4

莫伟民. 福柯的话语历史观及其与萨特的歧异. 复旦学报（社会科学版), 2004（4)

宁越敏. "长三角"城市化应当打破行政阻隔. 发布于 http://www.sh.xinhuanet.com/zhuanti/csj/2008-01/02/content_12105102.htm

牛文怡. 1 600部文学史背后的忧思. 新京报，2004－12－15. 转引自学术批评网，2004－12－15

佩雷菲特，阿兰. 停滞的帝国——两个世界的撞击. 中译本. 北京：三联书店，2007

彭慕兰. 大分流：欧洲、中国及现代世界经济的发展. 中译本. 南京：江苏人民出版社，2008

Perkins, Dwight. *China's Modern Economy in Historical Perspective*, Stanford University Press (Stanford), 1975

Perkins, Dwight. *China: Asia's Next Economic Giant?* University of Washington Press (Seattle), 1986

Pounds, N. J. G.. "What Economic History Means to Me," in P. Hudson, ed., *Living Economic and Social History*, Economic History Society, Glasgow, 2001

齐思和. 近百年来中国史学的发展. 燕京社会科学，1949，第二卷

奇波拉，卡洛. 欧洲经济史. 中译本. 第1卷. 北京：商务印书馆，1988

漆侠. 宋代社会生产力的发展及其在中国古代经济发展过程中的地位. 中国经济史研究，1986（1）

漆侠. 宋代经济史. 上海：上海人民出版社，1987

邱澎生. 当法律遇上经济：明清中国的商业法律. 台北：五南图书出版公司，2008

Riello，Giorgio & Prasannan Parthasarathi eds. *The Spinning World：A Global History of Cotton Textiles，1200—1850*，Oxford University，2009

尚小明. 论浮田和民《史学通论》与梁启超新史学思想的关系. 史学月刊，2003（5）

上海三十年经济发展从百亿级向万亿级大跨越. 文汇报. 转载于江苏省信息中心网站 http://www.jsic.gov.cn/ReadNews.asp?NewsID=43975

斯波义信（Shiba Yoshinobu）. 宋代江南経済史の研究. 東京：東京大学東洋文化研究所，1988

Smith，Thomas. *Native sources of Japanese Industrialization*，1750—1920，University of California Press（Berkeley），1988

Smits，Jan-Pieter，Herman de Jong & Bart van Ark：*Three Phases of Dutch Economic Growth and Technological Change，1815—1997*，Research Memorandum GD-42，N. W. Posthumus Instituut/Groningen Growth and Development Centre

Snooks，Graeme Donald ed. *Was the Industrial Revolution Necessary?* Routledge（London），1994

Solow，Robert. "Economic History and Economics，" in *Economic History*，Vol. 75，No. 2

Spence，Jonathan D. *The Search for Modern China*（the second edition），W. W. Norton & Company（New York），1999

苏云峰．从清华学堂到清华大学（1911—1929）．北京：三联书店，2001

孙海鸣，赵晓雷．长三角区域经济竞争格局、合作基础与区域共同市场建设．见：孙海鸣，赵晓雷主编．2005 年中国区域经济发展报告——长江三角洲区域规划及统筹发展．上海：上海财经大学出版社，2005．转载于 http://www.pinggu.org/bbs/b55i178013.html

陶希圣．编辑的话．食货．创刊号．上海：上海书店，1987 年影印本

Tilly，Charles．"Flows of Capital and Forms of Industry in Europe：1500—1900，" in *Theory and Society* Vol. 12，No. 1（January 1983）

田余庆．魏晋南北朝史研究的后顾与前瞻．见：田余庆．秦汉魏晋史探微．北京：中华书局，1993

汪荣祖．史家陈寅恪传．北京：北京大学出版社，2005

汪荣祖．后现代思潮下中国现代史学的走向．台湾"中央研究院"近代史研究所集刊，2007（56）

王国斌．转变的中国：历史变迁与欧洲经验的局限．中译本．南京：江苏人民出版社，1998

王国维．奏定经学科大学文学科大学章程书后．见：王国维．静庵文集续编．沈阳：辽宁教育出版社，1997

王国维．论近年之学术界．见：王国维遗书．第 5 卷．上海：上海古籍出版社，1983

王晴佳．钱穆与新史学之离合关系．转载于 http://jgw.ayinfo.ha.cn/xq/archives/

王学典．"年鉴范式"：20 世纪唯物史观派史学的学术史意义．见：20 世纪中国史学评论．济南：山东人民出版社，2002

王学典. 近五十年的中国历史学. 历史研究，2004（1）

王学典. 唯物史观派史学的学术重塑. 历史研究，2007（1）

王子今. 清代考据家的学术道德. 光明日报，2005-01-11

White，Hayden. "New Historicism：A comment，" in Veeser ed. *The New Historicism*，Routledge，1989

Williams，Raymond. *Keywords：A Vocabulary of Culture and Society*，Oxford University Press（USA），1976

沃尔什，威廉. 历史哲学导论. 中译本. 北京：社会科学文献出版社，1991

Wrigley，Edward Anthony. *Continuity，Chance and Change：the Character of the Industrial Revolution in England*，Cambridge University Press（Cambridge），1987

Wrigley，Edward Anthony. "The Limits to Growth：Malthus and the Classical Economists，" in Michael S. Teitelbaum and Jay M. Winter，eds. *Population and Resources in Western Intellectual Traditions*，Cambridge University Press（Cambridge），1989

吴承明. 中国经济史研究的方法论问题. 中国经济史研究，1992（1）

吴承明. 中国封建经济史和恩格斯的广义政治经济学. 见：云南大学历史系编. 纪念李埏教授从事学术活动五十周年史学论文集. 昆明：云南人民出版社，1992

吴承明. 论历史主义. 中国经济史研究，1993（2）

吴承明. 经济学理论与经济史研究. 经济研究，1995（4）

吴国新. FDI与长三角地区经济增长相关性分析及存在问题研究. 国际商务研究，第27卷第6期（2006）

吴宓. 清华开办研究院之旨趣及经过. 清华周刊，第351期（1925年9月18日），转引自黄延复. 水木清华——二三十年代清华校园文化

van Zanden, Jan Luiten. *The Long Road to the Industrial Revolution: The European Economy in a Global Perspective, 1000—1800*, Brill (Leiden & Boston), 2009

夏伯嘉．马克·布洛克与法国年鉴学派．史学评论（台北），第1期（1979年7月）

夏瑞春．德国思想家论中国．中译本．南京：江苏人民出版社，1995

香港投资推广署（InvestHK）．大珠三角报告．重要数据及统计数字．发布于 http://www.investhk.gov.hk/pages/8/251.html

香港投资推广署（InvestHK）．*The Greater Pearl River Delta*．Hong Kong，2010

香港投资推广署（InvestHK）与广东省对外贸易经济合作厅编．中国主要经济区主要经济指标．M. J. Enright 与 E. E. Scott 计算．发布于 http://www.thegprd.com.cn/big5/about/economic.html

向燕南．尹静．中国社会经济史研究的拓荒与奠基：陶希圣创办《食货》的史学意义．北京师范大学学报（社会科学版），2005（3）

熊彼特．经济分析史．第1卷．中译本．北京：商务印书馆，1991

熊彼特．经济发展理论．中译本．北京：商务印书馆，1991

徐浩．英国经济—社会史研究：理论与实践．收于侯建新主编．经济—社会史：历史研究的新方向．北京：商务印书馆，2002

许冠三．新史学九十年．香港：香港中文大学出版社，1986

许冠三．新史学九十年．长沙：岳麓书社，2003

许倬云．中国文化的发展过程．香港：香港中文大学出版社，1992

亚里士多德．形而上学．中译本．北京：商务印书馆，1981

严复．《原富》按语．见：严复集．第4册．北京：中华书局，1986

姚蒙．历史始终是人类社会在时间中的演进——法国著名史家维克·勒高夫采访纪实．史学理论，1987（3）

叶坦. 吴承明教授的经济史研究. 近代中国史研究通讯（台北），1998（26）

伊格尔斯. 二十世纪的历史学. 中译本. 沈阳：辽宁教育出版社，2003

伊格尔斯等. 历史研究国际手册. 中译本. 北京：华夏出版社，1989

余英时. 关于韦伯、马克思与中国史研究的几点反省. 见：余英时. 文化评论与中国情怀. 2版

余英时. 中国文化的海外媒介. 见：余英时. 文化评论与中国情怀. 2版

余英时. 文化评论与中国情怀. 2版. 台北：允晨文化实业股份有限公司，1990

余英时. 中国近世宗教伦理与商人精神. 合肥：安徽教育出版社，2001

于宗先等编. 中国经济发展史论文选集. 台北：联经出版事业公司，1980

袁莹. 话语和权力理论观照下的中国话语重建. 重庆工学院学报（社会科学版），2008（9）

曾业英. 五十年来的中国近代史研究. 上海：上海书店出版社，2000

张广智. 克丽奥之路——历史长河中的西方史学. 上海：复旦大学出版社，1989

张剑平. 新中国史学五十年. 北京：学苑出版社，2003

张根来. 长三角各市“十一五”发展重点. 长三角，2004（12）. 转载于 http://www.docin.com/p-281857.html

赵德馨. 20世纪上半期中国经济史学发展的回顾与启示. 中南经济史论坛. 转引自 http://jyw.znufe.edu.cn/znjjslt/xxyd/sxglyjjsxs/t20051223_1384.htm

赵世瑜. 社会史：历史学与社会科学的对话. 社会学研究，1998（5）

赵世瑜，邓庆平．二十世纪中国社会史研究的回顾与思考．历史研究，2001（6）

中国社会科学院历史研究所编．求真务实五十载：历史研究所同仁述往，1954—2004．北京：中国社会科学出版社，2004

周宁．天朝遥远：西方的中国形象研究．北京：北京大学出版社，2006

朱光潜．怎样改造学术界．朱光潜全集．第8卷．合肥：安徽教育出版社，1993

朱谦之．陈啸江《西汉社会经济研究》序．上海：新生命书局，1936

资中筠．诺贝尔文学奖具有世界意义吗?．读书，1996（7）

左玉河．从四部之学到七科之学——学术分科与近代中国知识系统之创建．上海：上海书店出版社，2004

图书在版编目（CIP）数据

史潮与学风/李伯重著. —北京：中国人民大学出版社，2013.1
（天下文丛）
ISBN 978-7-300-17005-3

Ⅰ.①史… Ⅱ.①李… Ⅲ.①史学-文集 Ⅳ.①K0-53

中国版本图书馆 CIP 数据核字（2013）第 021519 号

天下文丛
史潮与学风
李伯重 著
Shichao yu Xuefeng

出版发行	中国人民大学出版社		
社　　址	北京中关村大街 31 号	**邮政编码**	100080
电　　话	010－62511242（总编室）		010－62511770（质管部）
	010－82501766（邮购部）		010－62514148（门市部）
	010－62515195（发行公司）		010－62515275（盗版举报）
网　　址	http://www.crup.com.cn		
经　　销	新华书店		
印　　刷	天津中印联印务有限公司		
规　　格	170 mm×210 mm　16 开本	**版　　次**	2014 年 3 月第 1 版
印　　张	12.5 插页 2	**印　　次**	2023 年 4 月第 2 次印刷
字　　数	161 000	**定　　价**	52.00 元